U0452563

钱锺书交游考

谢泳 — 著

九州出版社

图书在版编目（CIP）数据

钱锺书交游考 / 谢泳著. -- 北京：九州出版社，2018.10

ISBN 978-7-5108-7538-0

Ⅰ．①钱… Ⅱ．①谢… Ⅲ．①钱锺书（1910-1998）—人物研究 Ⅳ．①K825.6

中国版本图书馆CIP数据核字(2018)第239921号

钱锺书交游考

作　　者	谢泳 著
出版发行	九州出版社
地　　址	北京市西城区阜外大街甲35号（100037）
发行电话	(010)68992190/3/5/6
网　　址	www.jiuzhoupress.com
电子信箱	jiuzhou@jiuzhoupress.com
印　　刷	北京金特印刷有限责任公司
开　　本	880毫米×1230毫米　32开
印　　张	6.75
字　　数	130千字
版　　次	2019年1月第1版
印　　次	2019年1月第1次印刷
书　　号	ISBN 978-7-5108-7538-0
定　　价	42.00元

★版权所有　　侵权必究★

目 录

Contents

毕树棠谈钱锺书 | 001

钱锺书的一个妙喻 | 004

李慎之编《钱锺书先生翻译举隅》 | 008

张芝联译《英国大学》 | 012

《闽县李氏硕果亭藏书目录》 | 017

钱基博捐赠文物《说明书》中的人和事 | 021

陈寅恪、钱锺书诗同用一典八例 | 025

钱锺书、陈寅恪留意古人小名 | 032

钱锺书、陈寅恪喜谈秽亵事 | 034

《双照楼诗词稿》的三首题诗 | 038

钱锺书文字中的"性"比喻 | 041

《围城》的五个索隐问题 | 053

鲍小姐 | 077

《围城》涉及的人和事 | 088

二钱与陈衍之关系 | 094

钱锺书的"代笔"之作 | 100

钱锺书与周氏兄弟 | 103

钱锺书和他的两位前辈（两则讲课笔记）| 117

钱锺书的科举观 | 139

《石语》笺证五则 | 145

钱锺书的一段经历 | 165

卢弼书札七通：致钱基博、钱锺书 | 196

后　记 | 207

毕树棠谈钱锺书

二十世纪九十年代,我在太原与常风先生闲坐,经常听他说三十年代北平文坛旧事,也时时涉及他当年清华前辈及旧友,如周作人、冯友兰、朱光潜、沈从文、萧乾、钱锺书、罗念生、毕树棠、吴兴华诸位。对毕树棠先生,常先生言谈间总流露着特殊的敬意,因为毕先生学历不算高,但懂多种语言且涉猎极广,趣味极高。最近龙江兄送我一册他搜集编辑的毕树棠《螺君日记》[①]。读来非常有趣,虽不是系统完整的日记,但也极有史料价值,与浦江清日记、季羡林日记等对读,可见当年清华和北平文坛许多趣事,对判断文学史实和拓展文学

---

① 海豚出版社,2014年。

史线索很有帮助。有些细节与当年常风先生聊天时的谈论也大体相合，试举一例。

1932年12月5日，毕树棠记："晚间钱锺书君来访，议论风生，多真知灼见。论文学史，分'重要'与'美'两种看法，二者往往为文学史作者所缠夹不清，其说极是。钱君对明清文学特有研究。谓清代之幕府犹如欧洲十七世纪之Salon，细思之，委实相似，惟Salon多贵妇知客，幕府则多青衫，罕见红袖耳。又谓杨晳子之弟杨钧著有《草堂之灵》一书，颇佳。又谓尝与陈石遗相过从，陈有'黄节之诗才薄如纸'之语云云。"①

印象中当年和常风先生聊天时，也曾涉及类似旧事。钱锺书先生对文学史的看法，即评价文学史时"重要"与"美"的关系。有些作品重要，但不"美"；有些"美"，但不重要。在文学史中如何处理确实是一个复杂的问题，各时代文学史中都有这样的现象。比如中国当代文学史中，刘心武《班主任》、卢新华《伤痕》等都是重要作品，但这些作品不一定"美"，文学史当如何处理？我个人感觉钱先生是把"美"看得比"重要"为高的，这可能是他文学史观中的一个重要理想。"重要"是历史的，而"美"才是文学的。

---

① 《螺君日记》。海豚出版社，2014：24。

这则日记还涉及钱锺书和陈衍的关系，证之后出的《石语》，可一一对证。比如对黄节的评论，对杨钧《草堂之灵》的看法，均在《石语》中出现。《草堂之灵》，二十世纪八十年代岳麓书社曾印行，我读过，是一册有趣的笔记。

隔天毕树棠日记又载："钱君送来'秋怀'诗十首，清丽可诵。"《槐聚诗存》没有收入1934年前的诗，但1947诗中有《秋怀》一首。《中书君诗初刊》中写秋天的诗有好几首，但也没有题为《秋怀》的。据钱先生自己讲，《中书君诗初刊》中收录的是他1934年春至1934秋间的诗。这则日记提示研究者，钱先生未入集的旧诗还大量留存世间。虽然钱先生在《槐聚诗存》序中对"搜集弃余，矜诩创获"颇有讥笑之评，但对研究者来说，调笑归调笑，该做的学术工作还得做。

钱锺书的一个妙喻

凡智者，一般均具幽默感，而幽默的核心是比喻，比喻的动力是联想。比喻的最高境界是能将所比之事，与眼前或历史中相类人事建立关系。表面与所欲表达之意越远而含义越近，则比喻越高明。如果字面意思与暗含意义完全相合却表现为无关联的另一事物，则成妙喻。钱锺书讲"喻有两面复具多边"，陈寅恪讲对对子的"正反合"之理，都有这个意思。

《中书君诗初刊》中，有几首钱锺书早年绝句，多数咏人，在后出的《槐聚诗存》中删除了。我印象中最早引用《中书君诗初刊》的是李洪岩，可惜引述稍有不完备处。这几首绝句中有一首是钱锺书调侃当时"海派"和"京派"之争的。原诗如下：

> 亦居魏阙亦江湖，兔窟营三莫守株；
> 且执两端开别派，断章取义一葫芦。

钱诗古典不难解，直接用成语理解即可：人在江湖，心存魏阙。狡兔三窟。执两用中。首鼠两端。葫芦里卖的什么药。今典则是当时的"海派""京派"之争。

洪岩兄完整引过此诗，但他随后的几句引文似不够完备。[①] 查钱锺书原诗集，知此诗完结处有一自注。原文如下：

> 公超师谈海派京派之争。余言：生从海上来，请言海上事。有马戏班名海京伯者，大观也。我曹执两用中，比于首鼠，便借名定实，拔戟自成一队，可乎？师莞尔。

"京派"成员中，清华出身的不少，钱锺书毕业后如果不回上

[①] 《智者的心路历程：钱锺书的生平与学术》。河北教育出版社，1995：116。

海,在研究者看来,自是"京派"成员无疑。他早期文章多发《大公报·文艺副刊》《新月》《学文》和《文学杂志》这些"京派"重要期刊。

钱锺书在小说《猫》中,有直接讽刺"京派"的言论。他说:"因此当时报纸上闹什么'京派',知识分子上溯到'北京人'为开派祖师,所以北京虽然改名北平,他们不自称'平派'。京派差不多是南方人。那些南方人对于他们侨居的北平的得意,仿佛犹太人爱他们归化的国家,不住的挂在口头上"。①

钱锺书这几首绝句,总题《北游纪事诗》,可能是他毕业后重回北平的感想。他和老师叶公超谈起"海派""京派"之争,用了"海京伯"比喻。

"海京伯"是当时德国来上海演出的一家马戏团名字。周海婴《我与鲁迅七十年》中曾有提及。钱锺书对"海派""京派"之争向有成见,所以用眼前马戏班"海京伯"来调侃。这首绝句的意思或许是和叶公超开玩笑,意谓我们可以自立门户,另成一队,可左可右,可商可贾,可帮忙可帮闲,"借名定实",我们这派可称"海京伯"派。

---

① 《人·兽·鬼 写在人生边上》。海峡文艺出版社,1992:21。

"海京伯"为马戏班名称,暗含"海派""京派"之争,类似马戏班表演,如同一场闹剧,不可当真。"海京伯"字面有"海京"合称意思,而那个"伯"字,既有"老大"之意,更暗含"文章海内伯"意味,表明我们如成一派,马上可盖过"海派""京派"。可谓明面字字贴切,暗义处处相合,比之于"海京"派之争,确为妙语,所以叶公超才不觉"莞尔"。

李慎之编《钱锺书先生翻译举隅》

人在心情灰暗的时候，总要设法选择一些能平衡自己内心波澜的活动，在中国文人身上，当对现实极度失望时，人们总能发现他们会把原来的热情转移到了其他学术方面，比如鲁迅会抄古碑、收乡贤旧籍或者留意汉画像等，都是对现实生活的一种态度。1989年6月以后，李慎之先生做了一件事情，就是编《钱锺书先生翻译举隅》。李慎之先生和钱锺书同为无锡人，同在中国社会科学院一处共事，平时也有交往。在心情灰暗的时候，想到做这样一件事，固然是对钱锺书先生学问的敬佩，但更与他们对现实生活的判断相关。当时钱锺书有一首名为《阅世》的旧诗，一度在中国知识分子中间传颂。二十年过去了，我至今还能记起当时朋友见面提到钱锺书这首诗的情景，真有往事历历在目之感：

> 阅世迁流两鬓摧，块然孤喟发群哀，
> 星星未熄焚余火，寸寸难燃溺后灰。
> 对症亦知须药换，出新何术得陈推，
> 不图剩长支离叟，留命桑田又一回。

李慎之先生编《钱锺书先生翻译举隅》，其心情当与这首诗的情绪相通，所以做起一样看似枯燥的事，也就兴味无穷了。

李慎之先生曾在《胡乔木请钱锺书改诗种种》一文中提到过自己"曾收集过钱先生的译文，油印出来为学者示范"，就是现在这本《钱锺书先生翻译举隅》。我过去留意过这件东西，但一直没有见到，后来北京一位朋友得到了，知道我有此意，就痛快地送了我，我想从中判断李慎之先生当时做这件工作的心情。

《钱锺书先生翻译举隅》是油印本，主要收集《谈艺录》和《管锥编》中的英文中译，其他外国文字翻译没有涉及。《钱锺书先生翻

译举隅》前面只留有李慎之先生一个简短的"编者前言":

钱锺书先生当代硕学,其博学多闻,覃思妙虑,并世罕俦。世人咸知先生通多国文字,顾先生鲜有译作,唯于著述中援引外国作家之语类多附注原文,学者于此得所取则。唯零金碎玉检索不易,爰特搜集成册,以便观览。后生末学得窥云中之一鳞,证月印于千江,则此帙之辑为不虚矣。

据陈乐民先生《李慎之先生二三事》回忆,当时李先生还曾有把《谈艺录》《管锥编》中其他国家的文字,也汇辑出来的想法,但最后没有完成。这些东西,李先生也没有打算发表,只是油印若干份给同好者看看。

1998年,当时《万象》杂志出版后,同时还编辑一本《万象译事》,可惜只出了一本卷上,《万象》虽挂名在辽宁教育社出版,但主其事者是北京沈昌文和上海陆灏。《万象译事》中就收有李慎之先生编的《钱锺书先生翻译举隅》,注明是一部分,只是关于《谈艺录》中的内容,是原编的四分之一,因为《管锥编》的内容更丰富。《万象》登载这一部分时,显然经过了李慎之先生的同意,因为"编者前言"前言下特别注意了"李慎之,一九八九年六月"。

一般关于钱锺书的研究史料中，对李慎之先生编辑的这个材料还不太注意，但如果我们理解钱锺书和李慎之当时的交往及对现实生活的感受，从这件小事中也可以判断当时李慎之先生的心情。这件学术工作中，寄托了李慎之先生对钱锺书先生的敬意，也反映了他们这一代知识分子的时代情绪。因为这个材料并没有完整出版，从保留史料的角度看，应当找机会把它完整印出来，这对以后钱锺书研究也是有好处的。

张芝联译《英国大学》

1948年,商务印书馆出过一套"英国文化丛书",共计十二册,分别是章元善《英国合作运动》、杨绛《一九三九年以来英国散文作品》、任鸿隽《现代科学发明谈》、张芝联《英国大学》、傅雷《英国绘画》、邵洵美《一九三九年以来英国诗》、林超《英国土地及其利用》、李国鼎《英国工业》、全增嘏《一九三九年以来英国小说》、张骏祥《一九三九年以来英国电影》、蒋复璁《英国图书馆》、王承绪《英国教育》。

出版这套丛书是英国文化委员会在二战后向世界宣传英国文明的一个举措,由英国驻华使馆负责。为出这套丛书,当时还成立了一个

"英国文化丛书委员会",成员有朱经农、林超、钱锺书、萧乾,另外还有两个英国人。朱经农为丛书写有一篇总序,丛书译者均为一时之选。这套丛书,我过去在旧书摊零星见过,买过杨绛、张芝联那两本。对张芝联译的《英国大学》,印象尤深,虽是介绍性工作,但张芝联译笔典雅,是极好的散文。

《英国大学》是巴葛爵士(E·Barker)向世界介绍英国大学的一本小册子。张芝联译序一开始就提到,他译这本书,是钱锺书的美意,还在译文结束时说:"书中的拉丁诗句,得钱默存先生的指教,方能译出,特向钱先生致谢。"

这套丛书虽是有目的的文化推广,但选择书目和译者却是一件非常认真的学术工作,朱经农主其事,但具体工作是钱锺书做的。张芝联在上海光华教书时,兼任校长朱经农的英文秘书。他在《从〈通鉴〉到人权研究》一书中,回忆过一件事。1948年3月,有一封南京教育部给朱经农的密件,恰好落在他手中,说该校秘书张芝联秘密领导左倾学生酝酿成立自治会,并借授课时间分析时局,攻击本党且煽动学生退出本党,要求查明具报。张芝联看后大吃一惊,立即去找朱经农。朱经农看完密件后,安慰张芝联说:"不要紧,我去南京向部里说明,不必担心。"由张芝联接受译这本书,可以大体判断他们那一代人的大学观，钱锺书帮他选了这本书，钱锺书的大学观，也不言自明。钱锺书本是大学中人，但1952年后，他再也没有选择在大学里教书，虽然个人职业变动有相当大的偶然性，但似乎也可理解为钱锺书对1949年后中国大学的态度，他对这种机关保持了他一向的独立判断。

巴葛爵士在《英国大学》中，除了介绍英国大学的基本制度外，特别强调大学的自主性。他一上来就说："英国所有的大学有一个特点，这点十分重要，非马上说明不可。英国的大学没有一个是国立的，它们都是私人组织的团体……现代的英国大学诚然须得国王颁发的宪章后方始正式成立，不过这只是法律上的形式而已；在本质上，所有英国的大学都是独立的机关，即私人组织的团体，行政和财政都是自理的，聘请教职员及学校生活都不受外力干预。固然它们也受中央政府和地方政府的补助，但是政府发给补助并不附带严厉的条件，也不以约束为交换。"①

巴葛爵士注意到英国大学的一个独特现象，就是"脱离政府而活动同时仍希望政府协助。真奇怪，也不合逻辑，但是就行得通。这就是为什么某一个作家说：英国大学是英国民族的创作，而不是英国政府的创作。整个大英帝国也可以用这句话来解释，而且的确

---

① 《英国大学》。商务印书馆，1948：3。

有人说过。大英帝国既不是政府的创作,也不是政府的行动所创立,而是自由团体和这团体的行动所创立的。"巴葛爵士认为:"英国大学根本上是自主的,它们既不受辖于中央政府的教育部,也不在地方政府的控制之下。牛津剑桥的行政,一向操在学校当局的手中,这些人都是餐于斯寝于斯的。其他大学则恒在双重的管辖之下,一方面是一个董事会,由校外人士及校方代表所组成,掌握校政的大端;另一方面是校务委员会,为教授及一部分教师所组成,管理纯粹的学校教务。董事会往往惟校务委员会的意见是从。在任何大学中,学校施政的方针总为该校教员所左右,不论聘请教授或行政方面都是不受外力干预的。"①

巴葛爵士还在书中强调,英国各大学在行政上是自主的,财政的调度也不容外人干预。他说当时英国大学经费由中央和地方政府提供的已经过半,但"中央和地方政府决不以控制大学行政为经济援助的条件",而是将支配经费的权力全权委托给大学当局,"事实证明这样做的效果极好。"

这些年我们从上到下都在讲现代大学制度,但现代大学制度的核心价值,我们往往避而不谈。在上的人讲现代大学制度,以为政府给

---

① 《英国大学》。商务印书馆,1948:11。

了钱，当然就要管大学的事，在下的人则以为吃了人家的就嘴短。殊不知在现代大学制度里，给钱而不干预才是它的关键。不合逻辑，但这才是现代大学制度的独特处，有钱就是老大，那与做买卖有何区别？需知办大学不是做买卖，这就是现代大学制度。

张芝联、钱锺书、储安平他们青年时代有英国生活的经历，对英国大学制度的本质也有自己的理解。在他们那一代人的心中，现代大学制度已是常识，而当时中国大学虽有缺点，但在基本倾向上趋近现代大学制度，比如私立大学的法律地位始终得到保障，而今天所谓私立大学，只是徒有其名。

《闽县李氏硕果亭藏书目录》

我由孔夫子旧书网拍得一册《闽县李氏硕果亭藏书目录》,油印线装,按旧式图书分类法,经史子集外加丛书,共为五卷。合众图书馆是上海孤岛时期创办的,发起人是张元济、李拔可等人,后来并入了上海图书馆。这几年,学界较关注李拔可其人,他早年的几本诗集,也合为《李宣龚诗文集》(黄曙辉点校),由华东师大出版社出版。李拔可1952年去世,他的藏书留给了合众图书馆,这册藏书目录,是合众图书馆接受李氏藏书的一个工作文件,目录中有条目割除的痕迹,可能是与实物对照后的判断,也可能是抄录错讹或其他原因。有些书标明有两套,显然不是供出版用的书目。二十世纪五十年代初,合众图书馆接受了好几位大藏书家的收藏,都编了书目。《海盐张氏涉园藏书目录》是张元济编的,《叶氏遐庵藏书目录》是潘承弼和顾廷龙编的。

学界对李拔可发生兴趣,一是对他早年的诗文写作,特别是他和同光诗人的交往,再就是他和钱锺书的关系。钱锺书早年生活中有一个习惯,他喜欢与老辈诗人往来,这不仅因为钱锺书喜欢旧诗,可能与他对同时代文人的判断有关,他更看重传统文人身上体现出的气质、风度以及他们的才华。现代学术评价体制尚未完成时,学者文人间的交往更注重家世、师承、性情和趣味,对学历、供职机关以及何处发表论著那些表面东西,往往不在意。李洪岩早年研究钱锺书,注意观察钱锺书与老辈的交往,是极有学术眼光的,他发现了这个交往中的许多细节,比如钱锺书与卢慎之、李拔可等老辈的关系。

作为个人藏书,就数量说,李氏藏书并不算特别多,善本也有限,因为清以前的书并不多。他的藏书是文人趣味的集中体现,由藏书可观他的性情。李氏藏书最引人注目的是有清一代的别集,也包括民国文人的集子。以我个人极为有限的观察,同类书集在一起,数量相当丰富，而且越往后越可观。原因不外两种，一是个人着意搜集，二是以当时李氏在诗坛的地位，主动赠送诗集的人很多。陈衍诗话中，常讲他案头堆积诗集之多，想来李氏当年也有类似情景。陈衍没有留下藏书目录，而李氏留了下来，这本身也是文学史的宝贵财富。单看这个书目，即可视为清到民国诗歌别集目录汇编，有相当高的学术价值。当时文人诗集，多为私刻，流传有限，正规图书馆保存较少，这个短处，现代学术研究中，通常要以地方文献来补充。今天的研究者如果不遇见实物，而由普通文献中发现的难度是很大的，特别是一些地方诗人刊刻的集子，不能查到，只能遇到。

李氏是福建人，而又居于当时诗坛中心，所以书目中福建地方文献线索很丰富，当时福建每有诗集、乡邦文献刊刻，多数要送给李拔可。

陈声聪《兼于阁诗话》中评价李拔可，说他"主持海上坛坫四十年，爱惜朋友，奖掖后进，不树宗派，无择细流，故能成其大。"[①] 这样的人缘，人们当然乐于交接。钱仲联《梦苕庵诗存》、钱锺书《中书君诗初刊》都在这个书目上。《中书君诗初刊》，我见过复印本，上

---

① 《兼于阁诗话》。上海古籍出版社，1985：49。

面有"拔可先生诗家吟政　后学钱锺书奉"的题识，为钱锺书赠送李拔可无疑。

《闽县李氏硕果亭藏书目录》虽是油印，但编目系统完整，刻写相当整洁清晰，如果有机会，出版社可影印出来，以嘉惠学林。

钱基博捐赠文物《说明书》中的人和事

1952年，钱基博将家藏文物两百余件捐赠给当时他供职的单位华中高等师范学校历史博物馆。同年12月，他就这些文物写了一册说明书，全称是《华中高等师范学校历史博物馆赠品说明书》，约有四万余字，刻版油印。

我最早知道钱基博有这本油印书册，是看姜德明先生一篇文章《钱基博的油印小册》，后来在王玉德主编的《钱基博学术研究》中，发现两篇专题论文，也是专门讲这本油印书册的。因为平时较为留意钱锺书的相关史料，我后来在网上一家旧书店偶然买到了这册《说明书》，翻读之后，感觉其中有些人事，以往研究者并没有注意，而这些人事对扩展钱锺书、钱基博史料有帮助。这册《说明书》，目前还没有完整出版，所以有必要将其中的人事梳理出来。

钱基博对每件文物的说明，其实均可看成一则小品，虽多是说明文物实情，但叙述中有感情，也有人事。古代人事，此不备录，只将与钱家有直接关系的人事录出。

钱基博的收藏极富，门类很多。在说明殷墟龟甲时，钱基博说："海宁王国维始据甲骨文以补正史记；既而郭开贞据甲骨文以研究古代社会，而著书；于是研究之范围，恢而益广以大通四辟矣！"① 此则材料，可视为钱基博对郭沫若学术活动的一个评价。

钱基博还收藏钱币，尤其重视太平天国的钱币。他介绍了几种，如"太平天国圣宝：面'太平天国'四字，背'圣宝'二字，洪秀全铸。余旧得太平天国泉，尚有'太平天国开元'，背'武'字；'天朝通宝'，背'永'字；'皇帝通宝'，背'圣'字。'太平通宝'，背'文'字；皆在南京铸。又有'平靖圣宝'二枚，背'中'字，一背'长胜军'三字，从前湖南北多有之，应当日军中铸以作军用货币也。今皆

---

① 《华中高等师范学校历史博物馆赠品说明书》。第1页。

亡之矣；姑识之以待搜求。"①

为"唐六角铜粮罂"写说明时，钱基博说"此器儿子钟纬在宝鸡购自一工友，云'无意发一古墓得之，中有积谷微黑触手成灰。'则为粮罂，粮罂者古人盛米以至死人圹中；北齐颜之推家训终制篇所谓'明器粮罂'是也。"②

介绍"仿古画大铜尺一对"时，钱基博说："余表兄孙莘农先生所赠，长27.1公分，阔3.7公分，乃北京琉璃厂艺术品。"③孙莘农早年做过无锡中学校长，他和钱家的关系，较少为人所知，此线索当引起注意。写完"五彩龙耳扁方尊一对"的说明后，钱基博提示："余年六十，予季孙卿贻作纪念"④，于此可见钱基博、钱孙卿兄弟间的感情。

钱基博藏品中，早期拓片较多。他在"桐城吴廷康问礼庵藏商周礼器拓片横幅"的说明中感慨："余不敏，添附乡末，性嗜篆籀。博习五十寒暑；虽历沧桑，年逾古稀，犹不时钩榻，摹绘形影，监治成幅；心摹手追，所得已不少矣！所幸各省友好，时以新出吉金，纷以

---

① 《华中高等师范学校历史博物馆赠品说明书》。第8页。
② 《华中高等师范学校历史博物馆赠品说明书》。第8页。
③ 《华中高等师范学校历史博物馆赠品说明书》。第9页。
④ 《华中高等师范学校历史博物馆赠品说明书》。第11页。

见示，耳目从此益广；临池积熟，升平复睹，眼福益茂；岁月不曾虚度，寝馈犹未艾也。"①这是了解钱基博早年学术趣味的极好材料，更是对他书法渊源的明确表白。

钱基博在叙述自己藏品时，时时有对自己人生经历的感慨，也常涉及自己亲朋故旧，这些线索对以后深入理解无锡钱家很有帮助。钱基博叙"西南遗民摩些族象形文残卷两纸"时即提到"此系本系旧同仁徐嘉瑞先生得于云南丽江而以相付。"②徐嘉瑞是云南著名学者，他和钱家有往来。钱基博写"大田白方章一对"时提及"吾亲家翁汪星源先生于十年前贻余书，称：'田黄在清末光宣间，其价已与赤金埒'。今更倍蓰！田白远胜田黄；弱冠时，曾于费屺怀世丈（念慈）处一见，视同拱璧！"③。这些材料对以后扩展钱氏家族早年生活史料多有益处。

钱基博这册《说明书》，因是油印，字迹较小，阅读颇难，我粗粗一阅，即发现不少关于钱家早年的传记资料，想以后如果能整理出版，对丰富相关研究，一定大有裨益。

---

① 《华中高等师范学校历史博物馆赠品说明书》。第12页。
② 《华中高等师范学校历史博物馆赠品说明书》。第18页。
③ 《华中高等师范学校历史博物馆赠品说明书》。第18页。

陈寅恪、钱锺书诗同用一典八例

　　目前已见陈寅恪和钱锺书的旧诗,就数量判断,陈多于钱。陈、钱旧诗中,偶有用典同一现象。除一般旧诗习语,如"蓬莱、青鸟、缁衣、木叶、红妆、海棠、凭栏、夕阳"等等外,陈、钱诗用典同一,在相当大程度上显示他们一般知识系统的范围,阅读趣味以及记忆专注某一事物等特点。试举八例。所据陈、钱诗为三联版《陈寅恪集·诗集》《槐聚诗存》和钱锺书1934年自印本《中书君诗初刊》。解释古典,用广东人民版胡文辉《陈寅恪诗笺释》。不再一一出注。

一、臲舌

钱锺书《北游记事诗》多首，其中一首："有地卓锥谢故人，行程乍浣染京尘；如何欲话经时别，臲舌南蛮意未申"。

陈寅恪《客南归述所闻戏作一绝》，最后两句："可怜臲舌空相问，不识何方有鉴湖。"

臲舌，语出《孟子》，一般比喻语言难解，虽不算僻典，但陈钱诗中都用过一次，说明他们对这个比喻有兴趣，趣味上有同一性。

二、定庵

钱锺书《北游记事诗》，其中一首："话到温柔只两三，薄情比勘弥增惭，任情投笔焚书后，注定全身学定庵"。

陈寅恪《蒙自杂诗》两首，第一首："少年亦喜定庵作，岁月堆胸久忘之。今见元胎新绝句，居然重诵定庵诗。"

定庵即龚自珍，陈、钱诗同用一典，说明他们对龚自珍诗及影响都非常熟悉。

三、桑下三宿

钱锺书1933年诗《春尽日雨未已》："鸡黄驹白过如驰，欲绊余晖计已迟；藏海一身沉亦得，恋桑三宿去安之；茫茫难料愁来日，了了虚传忆小时；却待明朝荐樱笋，送春不与订归期。"另一首《发昆明电报绛》中也有两句："远矣孤城裏乱山，欲去宁无三宿恋。"

陈寅恪《春尽病起宴广州京剧团并听新谷莺演望江亭所演与张君秋微不同也》第三首中有："桑下无情三宿了，草间有命几时休"。

桑下三宿，原意为僧人不得在同一桑树下连宿三晚，以免日久留恋。陈寅恪1911年己亥秋日诗也用过此典，句为"三宿凄迷才未尽"。陈、钱诗同选一典，可见表达某一情感时，联想的知识方向有趋同性。

四、猧子

钱锺书《无题义山有感云楚天云雨尽堪疑解人当以此意求之》诗，其中两句："身无羽翼惭飞鸟，门有关防怯吠猧"。

陈寅恪《无题》诗："猧子吠声情可悯，狙公赋芋意何居"。

猧子是哈巴狗别名，由西域传来，陈寅恪研究元白诗时，曾有详论。钱锺书也用此典，足见二人知识来源和趣味，比喻同一，表明联想造语时向同一方向生发。

五、电笑

钱锺书《清音河（La Seine）河上小桥（Le Petit Pont）晚眺》诗："电光撩眼烂生寒，撒米攒星有是观；但得灯浓任月淡，中天尽好付谁看。"另一首《骤雨》诗："雷嗔斗醒诸天梦，电笑登开八表昏。"

陈寅恪《咏成都华西坝》诗中有："雷车乍过浮香雾，电笑微闻送远风。"

电笑即是闪电,西方诗文常用电与笑互喻,钱锺书《管锥编》中认为是绝顶聪明的想象。王培军《钱边缀琐》有详论。[①] 此典较僻,陈钱同用,足证对妙喻感觉一致。

六、黑甜乡

钱锺书《寓夜》诗:"沉醉温柔商略遍,黑甜可老是吾乡。"

陈寅恪《热不成寐次少老闻停战诗韵》:"欲梦高寒冷肝肺,可怜无路黑甜乡。"

黑甜乡是睡的意思,语出苏东坡《发广州》。陈、钱对妙喻的感受完全相同。

七、白 雁

钱锺书《故国》诗:"壮图虚语黄龙捣,恶谶真看白雁来。"

---

① 《钱边缀琐》。浙江大学出版社,2014:114。

陈寅恪《乙未迎春后一日作》诗："黄莺惊梦啼空苦,白雁随阳倦未归。"

白雁,文辉兄未寻出古典,解为雁的饰词。但陈、钱同用,可能确有出处,期待高人指点。

八、食 蛤

钱锺书《生日》诗："聊借令辰招近局,那知许事蛤蜊前。"

陈寅恪《庚辰暮春重庆夜宴归作》诗："食蛤那知天下事,看花愁近最高楼。"《己丑元旦作时居广州康乐九家村》诗："食蛤那知今日事,买花弥惜去年春。"《乙未阳历元旦作时方笺释钱柳因缘诗未成也》诗："食蛤那知天下事,然脂犹想柳前春。"《乙未除夕卧病强起与家人共餐感赋检点两年以来著作仅有论再生缘及钱柳因缘诗笺释二文故诗语及之也》诗："那知明日事,蛤蜊笑盘虚"。

食蛤,一般表示轻蔑和嘲谑之意,典出《淮南子》,是陈诗中重复最多的一典。此典极有机趣,陈钱同用,可见认同此典显示的智慧。

陈、钱诗同用一典，在旧诗中不算特例，因为这些典故在旧诗写作中并不罕见，再寻他人同用事例，似并不困难。但陈、钱在趣味上确有同好似可确定。比如陈、钱对人类行为中秽亵事物的来源均有兴趣。陈寅恪有名文《狐臭与胡臭》，钱锺书在《围城》中也曾用一个细节描写"愠羝"，关注为同一事物，钱锺书对"鸦片""梅毒"一类事物如何到中国也很感兴趣。

钱锺书曾批评过陈寅恪考证"杨玉环入宫是否处女"问题，其实陈、钱在阅读趣味上极为相似，比如对野史笔记和诗话的兴趣大体在同一方向，而所关注事物也多有重合，这可能是所有大学者气质中的共有行为，即大学者关心秽亵事，此乃学术趣味高雅之表现。

钱锺书、陈寅恪留意古人小名

中国南北习俗,为小孩子健康成长,正名之外,喜以贱名呼之,如阿猫阿狗,橛柄狗蛋一类。

《围城》第四章里有个情节:

> 方鹏图瞧见书上说:"人家小儿要易长育,每以贱名为小名,如犬羊狗马之类",又知道司马相如小字犬子,桓熙小字石头,范晔小字砖儿,慕容农小字恶奴,元叉小字夜叉,更有什么斑兽、秃头、龟儿、獾郎等等,才知道儿子叫"丑儿"还算有体面的。①

---

① 《围城》。人民文学出版社,1991:120。

栾贵明《小说逸语——钱锺书〈围城〉九段》中说,钱锺书提到的这些奇特丑怪小名,其实都是历史真人的真实小名,斑兽是南朝宋战将刘湛,秃头是晋朝的慕容拔,龟儿是唐代白行简,獾郎是王安石。①

陈寅恪著作中提到古人,也喜欢称小名。这个特点凡熟悉陈寅恪著作的人可能都有感觉,他称谢灵运为客儿,庾信为兰成,王导为阿龙等等,如果细检陈书,或可开列一份长长的名单。

知人小名,多从读杂书中来,留下记忆,表明有点幽默和调皮,大学者多有此种趣味,可显读书之杂之博,又见机巧和才智。

---

① 《小说逸语——钱锺书〈围城〉九段》。新世界出版社,2017:29。

钱锺书、陈寅恪喜谈秽亵事

钱锺书、陈寅恪喜谈秽亵事。这个判断,凡熟悉钱、陈的人都大体认可。钱锺书《容安馆札记》涉此类事极多。陈寅恪也有这个趣味。记得有则学林掌故说,二十世纪三十年代初,朱延丰参加毕业考试后,陈寅恪问朱延丰考得如何,延丰以为还不错,陈笑曰:"恐不一定。当时还准备一题,后觉恐较难,故未问,即中古时老僧大解后如何洁身。"延丰未作声,另一学生邵循正回答:"据律藏,用布拭净。老僧用后之布,小僧为之洗涤。"陈初闻未语,后深表赞许。虽属学林掌故,但此类事放在陈寅恪身上一般不错。其他如"杨贵妃入宫时是否处女",也是陈寅恪专门谈过的问题。陈寅恪《论再生缘》起始即说自己少喜读小说,"虽至鄙陋者亦取寓目"。钱锺书和陈寅恪均是中国大学者中喜读小说之人,而小说叙述最不忌繁杂芜秽,他们共同的趣味可能由此产生。

狐臭的雅称"愠羝",钱锺书、陈寅恪都专门谈过此事。《围城》里有个细节:

> 唐小姐坐在苏小姐和沈先生座位中间的一个绣垫上,鸿渐孤零零地近太太坐了。一坐下去,他后悔无及,因为沈太太身上有一股味道,文言里的雅称跟古罗马成语都借羊来比喻:"愠羝"。这暖烘烘的味道,搀了脂粉香和花香,熏得方鸿渐泛胃,又不好意思抽烟解秽。心里想这真是从法国新回来的女人,把巴黎大菜场的"臭味交响曲"都带到中国来了,可见巴黎大而天下小。①

钱锺书后来在《容安馆札记》中又多提此事,并引述了许多西文资料。他读马提亚尔(Martial)讽刺诗提到形容薇图斯蒂拉(Vetustilla)丑状时说:"气味类母羊之夫",并引陶宗仪《辍耕录》卷十七《腋气》条考"狐臭"当作"胡臭",即《北里志》所谓"愠羝"。还指出胡侍《真珠船》卷六袭之,认为"吾国古人正亦以羝羊为比"。然后引梁山舟《频罗庵遗集》卷十四《直语补证·狐骚》条,标出《山海经·北

---

① 《围城》。人民文学出版社,1991:61。

山经》中曾说:"食之不骄"后的注认为:"或作骚,臭也。"并说梁玉绳《瞥记》卷七也有同样的说法。钱锺书同时又引《杂阿含经》卷四十,天帝释败阿修罗一段中异仙人所说偈言:"今此诸牟尼,出家来日久。腋下流汗臭,莫顺坐风下。千眼可移坐,此臭不可堪。"钱锺书还提到《别译》卷三中有:"我身久出家,腋下有臭气。风吹向汝去,移避就南坐。如此诸臭气,诸天所不堪。"钱锺书同时指出《春渚纪闻》卷一中说黄山谷曾患腋气,还说钱饮光《藏山阁诗存》卷十二《南海竹枝词·之五》有个自注:"粤女多腋气,谓之'袖儿香',媒氏以罗巾拭腋送客,验其有无",同时引俞蛟《潮嘉风月记》说:"纽儿儿肤发光腻,眉目韶秀,惜有腋气。遇燕集酒酣,辄熏满坐,往往有掩鼻去者。独周海庐与昵。余拈《黄金缕》调之曰:'百合香浓熏莫透,知君爱嗅狐骚臭。'海庐大惭。"钱锺书认为,汗臭最难忍,他再引孔平仲《谈苑》史料:"余靖不修饰,尝盛暑有谏,上入内云:'被一汗臭汉熏杀,喷唾在吾面上。'"钱锺书最后抄出希腊诗人关于腋气的史料。①

1937年,陈寅恪有一篇名文《狐臭与胡臭》。陈寅恪认为,腋气本由西胡人种得名,"迨西胡人种与华夏民族血统混淆既久之后,即

---

① 本段借用"视昔犹今"新浪博客《容安馆札记》释读文字。此君将《容安馆札记》全部释读并公之于众,功莫大焉!

在华人之中亦间有此臭者,倘仍以胡为名,自宜有人疑为不合,因其复似野狐之气,遂改'胡'为'狐'矣。若所推测者不谬。"[①]陈寅恪最后结论是"胡臭"一名较之"狐臭"更早且正确。他同时指出,考论我国中古时代西胡人种者,止以高鼻深目多须为特征是不够的,还应当注意腋气。

陈寅恪此文一个明显特点是不引常见书中的史料,而专引中国医书,如巢元方《诸病源候总论》、孙思邈《备急千金要方》、杨士瀛《仁斋直指方》和李时珍《本草纲目》。另外涉及崔令钦《教坊记》、何光远《鉴诫录》。

《狐臭与胡臭》初刊于1937年,钱锺书1938年由法国归来,按常理推测,钱锺书应该读过陈寅恪此文。《围城》1947年在上海初版,书中提到"愠羝",后《容安馆札记》中又搜罗相关史料,但没有提到陈寅恪的文章,凡陈文引过的书,钱锺书一概不提,似乎是有意扩充陈文的史料,同时特别指出《辍耕录》卷十七《腋气》条已考"狐臭"当作"胡臭",此论与陈寅恪看法相同。这个顺手的史料中可能暗含一点对陈文灵感和原创性的评价。

---

① 《寒柳堂集》。上海古籍出版社,1980:142。

《双照楼诗词稿》的三首题诗

1942年,《双照楼诗词稿》刊行,多人有读后题诗,最著名的是陈寅恪和钱锺书。陈诗诗题《阜昌》,全诗如下:

阜昌天子颇能诗,集选中州未肯遗。
阮瑀多才原不忝,褚渊迟死更堪悲。
千秋读史心难问,一局收枰胜属谁。
世变无穷东海涸,冤禽公案总传疑。

钱诗诗题《题某氏集》,全诗如下:

> 扫叶吞花足胜情，钜公难得此才清。
> 微嫌东野殊寒相，似觉南风有死声。
> 孟德月明忧有绝，元衡日出事还生。
> 莫将愁苦求诗好，高位从来谶易成。

陈诗和钱诗，胡文辉兄等人均有笺释，古典今事，考证周详。陈、钱二诗虽处处用典，但经文辉兄笺释后，二诗已一目了然。陈、钱二诗在友朋间流传有一相同经历，即原诗题均直书《题双照楼集》。① 二诗公开流传时，又不约而同改了诗题，改题思路也相同，即诗题表面远离"双照楼主"经历，而诗意切近。因对"双照楼主"流露同情与时论背离，陈、钱均选择用古典寓今意，避开时论表达自己的真实看法。我读旧诗极少，想当时读过《双照楼诗词稿》，题诗表达自己感慨的人，恐不止陈、钱，如留意搜集，或可观察时论的变化。

最近读厦门地方文献时，偶见一册《两藏楼诗》，② 集内1943年诗中，也有一首《读双照楼诗》，全诗如下：

---

① 钱诗直接题《双照楼诗词稿》扉页，可视为与陈诗同题。
② 作者洪浩，1949年香港自印本。

曾闻匕首诛秦政，披发缨冠作楚囚。
叔世科名羞向北，半生事业付东流。
石衔精卫难填海，月皎哀猿易感秋。
我读君诗还痛苦，不堪回首古神州。

作者洪浩并不知名，只是业余做诗，诗题直书《读双照楼诗》，并无陈、钱那样的顾虑，诗意用"双照楼主"早年经历并一语双关化用"精卫填海"典故，寄寓对"双照楼主"悲剧的同情，可谓直截了当。

陈、钱改诗题，内心还是惧于时论压力，可见对时论的敌人具一点同情之心，在何时都不容易。旧诗用典，过去总被视为短处，现在看来它何尝不是优点？今天防止网络过滤的基本手法，也不外曲笔，典故很可能是人胜电脑的最后一道防线。今天要公开表达陈、钱那样的感想，非旧诗可能找不出第二种形式。

钱锺书文字中的"性"比喻

钱锺书写作,特别喜欢用"比喻",这早已为人熟悉。《谈艺录》和《管锥编》中专门讲比喻原理的例子也很多。钱锺书自己有一个看法,他在《读〈拉奥孔〉》中说:"比喻正是文学语言的特点……比喻是文学语言的擅长。"① 钱锺书认为,比喻的性质和情感价值,在于"如"而不"是",不"是"而"如"。也就是说比喻的道理是相反相成。所比的事物有相同之处,否则彼此没法合拢,它们又有不同之处,否则彼此无法分辨。两者全不合,不能相比,两者全不分,无须相比。钱锺书说:"不同处愈多愈大,则相同处愈有烘托;分得愈远,则合

---

① 《七缀集》。上海古籍出版社,1985:42。

得愈出人意表，比喻就愈新颖。"① 钱锺书指出古罗马修辞学上的一个定理：相比的事物间距离愈大，比喻的效果愈新奇创辟。后来钱锺书提出了"比喻有两柄复具多边"的原理。

在所有的比喻中，钱锺书特别喜欢用"性"比喻。韩石山曾注意到钱锺书的这个写作习惯，他写过一篇《钱锺书的"淫喻"》。韩石山认为，钱锺书的许多精妙的比喻都与男女之事有关，他指出这个特点与"取喻者的心性有关联"。其实善用"性"比喻是一切幽默的前提，很难设想一个幽默的人而不善用"性"比喻，文学中的机智和风趣通常都与"性"比喻相关，因为"性"是成人间的常识，属于人人感兴趣，但人人不能明说的困境中，最高级的选择就是明话暗说，直说则无趣味，最后形成了修辞学上的一个基本原理，就心理和社会习俗判断，"性"比喻一般是中年人的专利，尤其中年男性，青年人的兴趣相对要弱，这其中包括了对"性"的经验与期待以及相对的力不从心，是一种情感的外泄方式，这也是"无色情"即无民间文艺的道理所在。

钱锺书在小说《猫》中写了一位陈侠君，他在李太太爱默的客厅中高谈阔论，其中有一段是："我们上半世已过的人，假如此心不死，就不能那样苛求。不但对相貌要放低标准，并且在情感方面也不能责

---

① 《七缀集》。上海古籍出版社，1985：43。

备求全。十年前我最瞧不起眼开眼闭的老头子，明知他们的姨太太胡背了自己胡闹，装傻不管。现在我渐渐了解他们，同情他们。除非你容忍她们对旁人的爱，你别梦想她们会容忍你对他们的爱。……打仗？我们太老啦！可是还不够老，只怕征兵轮到我们。恋爱？我们太老啦！可是也不够老，只怕做情人轮不到我们。"①

钱锺书写小说的时候，正是渐近中年的时期，所以在他这一时期的文字中，少有不涉"性"比喻的，甚至在钱锺书的所有小说中，"性"都是一个突出主题，钱锺书在《围城》的序言中认为人类"具有无毛两足动物的基本根性"，这个看法来源于柏拉图，钱锺书在《一个偏见》中引过"人者，无羽毛之两足动物也。"认为这句话"客观极了"。在同一文中，钱锺书还引了博马舍剧本中一个丑角的话："人是不渴而饮，四季有性欲的动物。"我个人理解，在钱锺书看来，这个"基本根性"中最重要的就是"性"，理解了这个问题，再来观察钱锺书的所有文字，我们就不会单纯把钱锺书文字中的"性"比喻只从修辞的意义上来理解，而是要从人性的角度来评判。

"性"比喻是成人宣汇情感的一种主要方式，古今中外道理相

---

① 《人·兽·鬼 写在人生边上》。海峡文艺出版，1992：57。

同。但善于用此喻者，必是聪明绝顶之人。因为在言谈和行文中，用"性"为比，必须做到表面正经而含义深刻，表面言语与所谈深义距离越远，效果越好，也就是说，越是"黄色"的比喻，在表面上越不能涉"黄"。这个深义建立在成人的人生知识和经验上。钱锺书在《管锥编》中多有讲"云雨"之事的文字，在他看来男女之事不是不能言不能说，而是须与亵词相区别，艺术含蓄地表达，中外不约而同以云雨取辟，是因为人类反禁欲而又知羞耻之旨趣相通的缘故。① 而这一切则建立在"男女之事乃天地之大义"的判断上，钱锺书在《管锥编》中也经常谈到"人欲论"，性即是生，趋利逐势，追求享乐，乃人力可为人心所向，但又有不可违抗的命运在无形中主宰，所以人要知命安时。② 有一次在清华校园的咖啡馆里，曹禺对吴祖缃说："钱锺书坐在那里，还不叫他给你开示几本英文淫书？"吴祖缃让钱锺书开三本，钱锺书随手拿过一张纸，当下写满正反两面，开录出四十几本，包括作者的姓名和书的内容。③

黄裳回忆钱锺书时说："当他听说我到琉璃厂去逛书店，只买了一小册抄本的《痴婆子传》时，大笑了。这就是他赠我一联的上半，'遍

---

① 舒展选编。《钱锺书论学文选》。花城出版社，1990：第2卷278页。
② 舒展选编。《钱锺书论学文选》。花城出版社，1990：第1卷274页。
③ 爱默。《钱锺书传稿》。百花文艺出版社，1992：35。

求善本痴婆子'的本事。"①

钱锺书在《管锥编》曾专门提到过《金瓶梅》第六十七回温秀才的话:"自古言:不亵不笑"。钱锺书说,不知其言何出,"亦尚中笑理"。然后钱锺书引了古罗马诗人的一句话来证明在这个问题上的中外同理:"不亵则不能使人欢笑,此游戏诗中之金科玉律也。"②

小说《猫》中:

建侯错过了少年时期,没有冒冒失失写书写文章,现在把著作看得太严重了,有中年妇女要养头胎那样的担心。

李太太明知道在这个年头儿,不收女人的学校正像收留女人的和尚寺一样的没有品。

有一位中年不嫁的女科学家听他演讲电磁现象,在满场欢笑声中,羞得面红耳赤,因为他把阴阳间的吸引说得俨然是科学方法核准的两性恋爱。

---

① 《黄裳文集·榆下集》。上海书店出版社,1998:212。
② 《管锥编》。中华书局,1986:第2册1143页。

他伯父还有许多女弟子，大半是富商财主的外室；这些财翁白天忙着赚钱，怕小公馆里的情妇长日无聊，要不安分，常常叫他们学点玩艺儿消遣。

咱们人到中年，食色两个基本欲望里，只要任何一个还强烈，人就还不算衰老。这两种欲望彼此相通，根据一个人饮食的嗜好，我们往往可以推断他恋爱时的脾气——。

那时候的漂亮男女，都行得把肚子凸出——法国话好像叫Panserons——鼓得愈高愈好，跟现代女人的束紧前面腹部而耸起后面臀部，正是相反。

颐谷没有准备李太太为自己的名字去了外罩，上不带姓，下不带"先生"，名字赤裸裸的，好象初进按摩浴室的人没有料到侍女会为他脱光衣服。

《灵感》中：

文学毕竟和生育孩子不同，难产并未断送他的性命，而多产只增加了读者们的负担。

文人讲恋爱,大半出于虚荣,好教旁人惊叹天才吸引异性的魔力。文人的情妇只比阔人的好几辆汽车,好几所洋房,不过为了引起企羡,并非出于实际的需要。

书里一个角色哑声问:"司长说的是'性灵和生活'?还是'性生活'?我没有听清楚。假如那青年作家注重在后者,岂不太便宜了我们这个公敌?"

青年人急智生,恍然大悟,要写处女作,何不向处女身上去找。

《窗》:

一个钻窗子进来的人,不管是偷东西还是偷情,早已决心来替你做个暂时的主人,顾不到你的欢迎和拒绝了。

有句妙语,略谓父亲开了门,请了物质上的丈夫,但是理想的爱人,总是从窗子出进的。换句话说,从前门进来的,只是形式上的女婿,虽然经丈人看中,还待博取小姐自己的欢心;要是从后窗进来的,才是女郎们把灵魂肉体完全交托的真正情人。

《吃饭》：

吃饭有时很像结婚，名义上最主要的东西，其实往往是附属品。吃讲究的饭事实上只是吃菜。正如讨阔老的小姐，宗旨倒不在女人。

《释文盲》：

看文学书而不懂鉴赏，恰等于帝皇时代，看守后宫，成日价在女人堆里厮混的偏偏是个太监，虽有机会，却无能力！

专做文字学的功夫，好比向小姐求爱不遂，只能找丫头来替。不幸得很，最招惹不得的是丫头，你一抬举她，她就想盖过了一千金小姐。

至于一般文人，老实说，对于文学并不爱好，并无擅长。他们弄文学，仿佛旧小说里的良家女子做娼妓。据说是出于不得已，无可奈何。只要有机会让他们跳出火坑，此等可造之才无不废书投笔，改行从良。

读《伊索寓言》：

鸡愈吃愈肥，不下蛋了，所以戒之在贪。伊索错了！他该说："大胖子往往是小心眼。"

有本传记中说，钱先生一九七九年访美归来，将英制烟斗赠予友人，"我自来不吸烟，好比阉官为皇帝选宫女，不知合用否？"于此或许可以看出，这样的妙喻，钱先生平日也是"曲不离口"的。

《围城》中的"性"比喻：

有人叫她"熟食铺子"（Charcuterie），因为只有熟食店会把那许多颜色暖热的肉公开陈列；又有人叫她"真理"，因为据说"真理是赤裸裸的"。鲍小姐并未一丝不挂，所以他们修正为"局部的真理"。

他说孙先生在法国这许多年，全不知道法国人的迷信：太太不忠实，偷人，丈夫做了乌龟，买彩票准中头奖，财钱准赢。所以，男人赌钱输了，该引以自慰。①

---

① 《围城》。人民文学出版社，1991：4、5。

方鸿渐洗了澡，回到舱里，躺下又坐起来，打消已起的念头仿佛跟女人怀孕要打胎一样的难受。①

那记录的女生涨红脸停笔不写，仿佛听了鸿渐最后的一句，处女的耳朵已经当众丧失贞操。

方老先生因为拒绝了本县汉奸的引诱，有家难归，而政府并没给他什么名义，觉得他爱国而国不爱他，大有青年守节的孀妇不见宠于姑翁的怨抑。②

上海是个暴发都市，没有山水花柳作为春的安顿处。公园和住宅花园里的草木，好比动物园里铁笼子关住的野兽，拘束、孤独、不够春光尽情的发泄。春来了只有向人的身心里寄寓，添了疾病和传染，添了奸情和酗酒打架的案件，添了孕妇。最后一桩倒不失为好现象，战时人口正该补充。③

大家庭里做媳妇的女人平时吃饭的肚子要小，受气的肚子要大；

---

① 《围城》。人民文学出版社。1991：16。
② 《围城》。人民文学出版社。1991：40。
③ 《围城》。人民文学出版社。1991：48。

一有了胎,肚子真大了,那时吃饭的肚子可以放大,受气的肚子可以缩小。①

掌柜写账的桌子边坐个胖女人坦白地摊开白而不坦的胸膛,喂孩子吃奶;奶是孩子的饭,所以也该在饭堂里吃,证明这旅馆是科学管理的。②

孙小姐说:"这咖啡糖里没有牛奶成分,怎么叫牛奶咖啡,一定另外把奶粉调进去的。"鸿渐向那位胖女人歪歪嘴道:"只要不是她的奶,什么都行。"③

旁边一碟馒头,远看也象玷污了清白的闺女,全是黑斑点。④

鱼肝油丸当然比仁丹贵,但已打开的药瓶,好比嫁过的女人,减低了市价。⑤

---

① 《围城》。人民文学出版社。1991:122。
② 《围城》。人民文学出版社。1991:161。
③ 《围城》。人民文学出版社。1991:161。
④ 《围城》。人民文学出版社。1991:166。
⑤ 《围城》。人民文学出版社。1991:189。

不幸的是，科学家跟科学大不相同，科学家像酒，愈老愈可贵，而科学像女人，老了便不值钱。①

假使一个犯校规的女学生长得非常漂亮，高校长只要她向自己求情认错，也许会不尽本于教育精神从宽处理。这证明这位科学家还不老。②

谁知道没有枪杆的人，胡子也不像样，又稀又软，挂在口角两边，像新式标事业里的逗号，既不能翘然而起，也不够飘然而袅。③"我年青的时候，是有名的规矩人，从来不胡闹。"汪太太轻蔑地哼一声："你年青的时候？我——我就相信你年青过。"汪处厚脸色一红。④

"我在华阳大学的时候，他们有这么一比，讲师比通房丫头，教授比夫人，副教授呢？等于如夫人，——"鸿渐听得笑起来——这一字之差不可以道理计。丫头收房做姨太太，是很普通——至少在以前很普通的事，姨太太要扶正做大太太，那是干犯纲常名教，做不得的。⑤

---

① 《围城》。人民文学出版社。1991：194。
② 《围城》。人民文学出版社。1991：194。
③ 《围城》。人民文学出版社。1991：233。
④ 《围城》。人民文学出版社。1991：239。
⑤ 《围城》。人民文学出版社。1991：269。

《围城》的五个索隐问题

一、徐志摩

钱锺书和徐志摩有无交往？在一般的两人传记中都没有涉及，细部的考察我不好妄下结论，但大体可以判断为钱、徐之间没有直接交往。我查了陆文虎编的《管锥编谈艺录索引》，没有提到过徐志摩，但在《管锥编》第三册谈论"血声"时，提到《十日谈》《意大利人自述》《涡堤孩》等小说，钱锺书虽然注释说明是从原文引述，但按习惯，应该也了解《涡堤孩》的翻译情况。本书徐志摩译过，1923年商务印书馆出版。

我的朋友范世涛后来告诉我,《钱锺书英文文集》中有早年钱锺书评论吴宓诗时提到徐志摩的一段话:

Mr.Wu has twice compared himself to the late Mr.Hsu Tse-mo in his pomes.As an artist,Mr.Wu Mi is far too slovenly to be compared to that accomplished writer of charming if somewhat mincing verse. But as a character , Mr.Wu Mi is much more interesting and-the-word must out-grand. Hsu Tse-mo,for all his aestheticism and artiness,is still a baby who can enjoy innocently the pleasures of life;his first of unhappiness are those of a spoiled child who wails either because he has not got enough of sweets to eat or because he has eaten more than is good for his stomach。①

这段话的大意是说,吴宓先生曾两次在他的诗作中将自己与已故的徐志摩相比。作为一个艺术家,吴宓先生不很入流,根本无法与功成名就的、迷人的诗人相比,尽管诗人不乏矫揉造作的诗品,但从个性上讲,吴宓比徐志摩更有趣,甚至必须指出,(或恕我直言)也更自负。从他的审美和艺术气质上看,徐志摩仍好像处在孩童般天真地享受美好生活的阶段;他主要的忧怨,就如同一个被宠坏的孩童,要

---

① 《钱锺书英文文集》。外语教学与研究出版社,2005:76。

么为了吃不够糖果、要么吃得太多肚子不舒服而闹腾。

钱锺书对徐志摩诗歌的评价显然不是太高。徐志摩去世的时候，钱锺书还在清华读书，徐志摩大概不知道有钱锺书，但钱锺书肯定是知道徐志摩的。注意钱、徐的关系，有可能帮助我们理解钱锺书对新诗的判断，这个判断大体可以理解为钱锺书对新诗的评价不高，而钱锺书的这个态度，虽然我们一时见不到直接材料，但可以从钱锺书父亲钱基博《现代中国文学史》对中国新文学的评价中推测出来，钱氏父子的文学观，相同处多于相异处，比如钱锺书对《中国新文学的源流》批评，与他父亲的看法基本相同，我们甚至可以猜测钱基博对中国新文学的评价，有许多是受到了钱锺书的影响。

钱锺书写《围城》有一个习惯，就是喜欢把自己的文艺见解和对人物的评价，借小说人物之口说出来，这是熟读《围城》者基本认同的一个看法，在这个意义上，我们可以认为《围城》是钱锺书的自传。而《围城》中有两处提到徐志摩。

第一次是方鸿渐刚从国外回家省亲，在当地学校里演讲"西洋文化在中国历史上的影响"，方鸿渐的观点是"海通几百年来，只有两件西洋东西在中国社会里长存不灭，一件是鸦片，一件是梅毒"。关于梅毒，方鸿渐说假如没有机会见到外国原本书，诸位"只要看徐志摩先生译的法国小说《赣第德》，就可略知梅毒的渊源。"①这个细节完全真实。

第二次是在苏文纨家，诗人董斜川和方鸿渐、苏小姐谈到近代的诗人。董斜川提到"我那年在庐山跟我们那位老世伯陈散原先生聊天，偶尔谈起白话诗，老头子居然看过一两首新诗，他说还算徐志摩的诗有点意思，可是只相当于明初杨基那些人的境界，太可怜了"。②这个细节取材于1935年钱锺书在苏州和陈衍的谈话经历，不过那次臧否的多是近代文人。

《围城》第一次提到徐志摩，有点讽刺意味，第二次提到就基本是一个评价性的判断了，这也大体可以理解为钱锺书对徐志摩的评价。

1932年钱基博著《现代中国文学史》时，曾多次提及徐志摩，凡涉及对徐志摩的评价，基本与《围城》里的判断在一个层面上，也就是肯定中的否定。钱基博对中国新文学的评价不是很高，虽然他

---

① 《围城》。人民文学出版社，1991：38。
② 《围城》。人民文学出版社，1991：90。

在自己的著作中较为系统地叙述了新文学运动初期的作家，但语气中时常流露否定的判断，钱基博著书的习惯是多引别人的见解为自己的断识。一次在引述了章士钊对新文学的评价后叙述到："纵有徐志摩之富于玄想，郭沫若之回肠荡气，谢冰心之亲切动人，王统照之尽情欢笑"，但钱基博再引旁人的话为自己的判断："中国新诗，至今未上轨道"。[①]

对当时的新文学，钱基博先述胡适对白话文的提倡，再评价鲁迅的文体，他认为鲁迅的文体是"以欧化国语为建设"，钱基博引述周作人的观点来叙述："中国散文，适之、仲甫，清新明白，长于说理讲学。平伯、废名，涩如青果。志摩、冰心，流丽清脆。"钱基博对新文学的总体评价是"一时景附以有大名者，周树人以小说，徐志摩以诗，最为魁能冠伦以自名家。而树人著小说，工为写实，每于琐细见精神，读之者哭笑不得。志摩为诗，则喜堆砌，讲节奏，尤贵震动，多用叠句排句，自谓本之希腊；而欣赏自然，富有玄想，亦差似之；一时有诗哲之目。树人善写实，志摩喜玄想，取径不同，而皆揭'平民文学'四字以张大。后生小子始读之而喜，继而疑，终而诋曰'此小资产阶级文学也，非真正民众也。树人颓废，不适于奋斗。志摩华

[①] 《现代中国文学史》。岳麓书社，1986：503。

摩，何当于民众。志摩沉溺小己之享乐，漠视民之惨沮，唯心而非唯物者也。"①钱基博的结论是："而周树人、徐志摩，则以文艺之右倾，而失热血青年之希望。"

1932年，就在《现代中国文学史》出版前后，钱基博给钱锺书的信中曾有"我望汝为诸葛公、陶渊明；不喜汝为胡适之、徐志摩"的告诫。②对于父亲的告诫，钱锺书虽然未必完全认同，但这个判断在事实上影响了钱锺书的一生。钱锺书后来无论是写《人·兽·鬼》还是《围城》，他的主要讽刺对象基本是"新月"和"京派"文人群体，钱锺书的这个习惯有他真实的生活感受，但也可能与他对当时中国自由主义思潮的评价有关，这就涉及钱锺书对自由主义思想的认同问题，他似乎对中国自由主义知识分子的生活和思想始终保持一种警惕，注意这个视角，对于深入研究钱锺书可能有所帮助。

---

① 《现代中国文学史》。岳麓书社，1986：504。
② 李洪岩。《智者的心路历程：钱锺书的生平与学术》。河北教育出版社，1995：109。

二、郭沫若

研究钱锺书的人，现在还没有特别注意到他和郭沫若的关系，一是因为直接的材料极难见到，二是间接的材料需要解释，在事实上不容易令人信服。因为凡解释出的事实，必有解释者自己的理解和判断在其中，而见仁见智是学术研究的常态。

关于钱锺书和郭沫若的关系，我有自己的一点理解。我曾注意过钱锺书和鲁迅的关系，也是取这种间接理解方式，不一定处处坐实，但在整体判断上，对于理解他们的关系还不能说完全没有帮助。我过去对二十世纪五十年代中国知识分子的真实处境，有一个基本判断，就是压力下为寻求自保，写文章批判别人极为常见，在知名知识分子中，陈寅恪和钱锺书是我常提到的反例。但后来我在网上看到一则材料，是绿原的一个回忆，说在批判胡风运动中，钱锺书也写了文章，还是在《人民日报》上，但绿原因为记忆原因，没有给出原文出处，提示这个材料的人也没有给出。现在《人民日报》有电子版，如果要彻底解决这个问题，想来不是太难，我没有使用过电子版的《人民日报》，不知绿原的回忆是否有误？但在一般批判胡风的材料中，我确实没有看到过钱锺书的文章，这方面的材料我有相当的搜集，包括一些当时地方上编辑的批判胡风的材料。

我曾引过傅璇宗先生在《缅怀钱锺书先生》一文中回忆的事实。1984年，傅璇宗先生出版《李德裕年谱》后，给钱锺书送去一本。钱锺书对傅璇宗先生说："拙著四二八页借大著增重，又四一六页称吕诚之丈遗著，道及时贤，惟此两处。"① 钱锺书在新版《谈艺录》中提到了傅璇宗的《黄庭坚与江西诗派研究资料汇编》和吕思勉的《读史札记》。从钱锺书"道及时贤，惟此两处"，可以理解为是他对中国当代学者的一个态度，后来有人指出钱锺书提到的"时贤"，事实上并不止这两处，但再多出来，也不影响我们理解钱锺书对当代中国学者的基本判断。《容安馆札记》中有没有提到过郭沫若？我没有细查，因为原书是手迹影印，一般的查阅很难发现，大连范旭仑先生专研此书，希望他以后能在这方面有所发现，或者他已有发现而我还没有见到。

钱锺书1949年后和郭沫若在同一单位供职，郭沫若是科学院院长，钱锺书是科学院下属的哲学社会科学学部文学研究所研究员，以郭沫若当时的社会声望，钱锺书注意郭沫的言行，在逻辑上，应当是没有问题的，但我们很少发现钱锺书对他的直接评价。

---

① 王培元等编。《文化昆仑——钱锺书其人其文》。人民文学出版，1999：81。

1979年，钱锺书访问美国，曾见到夏志清。夏志清的《重会钱锺书纪实》中有一个细节，夏志清奇怪，郭沫若"为什么要写贬杜扬李的书？"钱锺书回答："毛泽东读唐诗，最爱'三李'——李白、李贺、李商隐，反不喜'人民诗人'杜甫，郭沫若就听从圣旨写了此书。"① 后来虽然有人指出，郭沫若写《李白与杜甫》是他早年的学术趣味，并不一定是投别人所好，但这个判断即使成立，也改变不了钱锺书对郭沫若的评价，而钱锺书的这个态度，可能并不是1949年后才产生的。

我们来看《围城》第七章中的一个细节描写："何况汪处厚虽然做官，骨子里只是个文人，文人最喜欢有人死，可以有题目做哀悼的文章。棺材店和殡仪馆只做新死人的生意，文人会向一年、几年、几十年、甚至几百年的陈死人身上生发。'周年逝世纪念'和'三百年祭'，一样的好题目。"②

这段文字最见钱锺书讽刺风格，如果说其他文字还算一般叙述，我们不大可能索引出具体所指，但这个"三百年祭"，显然是指郭沫若的名文《甲申三百年祭》，因为"三百年"并非约定成说，钱锺书

---

① 《钱锺书研究》。文化艺术出版社，1990：第2辑310页。
② 《围城》。人民文学出版社，1991：234。

不用"二百年、四百年、五百年",特别用了"三百年祭",一定略有深意,至少我们可以这样理解,就是妄断钱锺书的心理,这个理解在学术上也可以成立,因为巧合也是写作时记忆的反映。

《围城》写于1946年,而《甲申三百年祭》写于1944年,在重庆《新华日报》连载四天,并很快受到毛泽东的高度重视,曾被列为整风文件之一,在延安和当时共产党控制地区大量发行。《围城》的叙事,凡具体事件、书名及当时风尚,皆有真实所指,而这个讽刺,也可以理解为是钱锺书对一篇名文的态度,其中可能包含了他对文章作者人格和学术的评价,不知这个理解有无道理?最早注意到这个问题的是台湾周锦的《〈围城〉研究》,后来李洪岩在《智者的心路历程》中专门提示过。

三、曹 禺

《围城》里有两个细节与曹禺有关:

第一次提到:这位褚慎明原名褚家宝,成名以后嫌"家宝"这名字不合哲学家身份,据斯宾诺沙改名的先例,换称"慎明"。①

第二次提到:辛楣问她怎样消遣,她说爱看话剧,问辛楣爱看不爱看。辛楣说:"我很喜欢话剧,可惜我没有看过——呃——多少。"范小姐问曹禺如何。辛楣瞎猜道:"我认为他是最——呃——最伟大的戏剧家。"范小姐快乐地拍手掌道:"赵先生,我真高兴,你的意见跟我完全相同。你觉得他什么一个戏最好?"辛楣没料到毕业考试以后,会有这一次的考试。十几年小考大考训练成一套虚虚实实、模棱两可的回答本领,现在全荒疏了,冒失地说:"他是不是写过一本——呃——'这不过是'——"范小姐的惊骇表情阻止他说出来是"春天""夏天""秋天"还是"冬天"。……辛楣承认无知胡说,她向他讲解说"李健吾"并非曹禺用的化名,真有其人,更说辛楣要看剧本,她那儿有。②

这段话中,涉及了两个在中国现代话剧史上有名的剧作家。一个是曹禺,一个是李健吾。他们和钱锺书同出一校一系。李健吾1925年入清华,后留校任教,当时任外文系系主任的王文显的助授。

---

① 《围城》。人民文学出版社,1991:88。
② 《围城》。人民文学出版社,1980:246。

钱锺书这个比喻肯定有深意，不是随便用的，从比喻中可以判断这是对两个剧作家的评价。1981年版的《围城》在这段话下面没有注释。但1991年再版的《围城》有一个注释："《这不过是春天》是李健吾的剧本，在上海公演过。"① 在《围城》中赵辛楣的身份是"美国留学生，本在外交公署当处长，因病未随机关内迁，如今在华美新闻社做政治编辑。"② 以这种身份，不知曹禺，好像说不过去，可是在小说中他确实不知道曹禺。把李健吾误说成曹禺，可见对李健吾的印象要超过曹禺，这难道不是对两个剧作家的一种评价吗？"伟大的戏剧家曹禺"没有让赵辛楣有印象，他只记住了李健吾。如果说这是赵辛楣故意和范小姐开玩笑，那么在事后的情节中钱锺书应该有所交代，但我们在《围城》后来的故事发展中，没有看到对这个情节的说明。一般说来，小说家敢在自己小说中拿自己的同学和熟人开玩笑有两种情况，一是特别相知，二是彼此有看法。前者可以理解为善意的调侃，后者可能就另有深意了。钱锺书的夫人杨绛也是剧作家，钱锺书对剧作家的评价是很为难的。

这里面其实还有故事。1934年7月1日，《文学季刊》第1卷第3期出版的时候，在剧本一栏中，共发了三个剧本。依次是李健吾的《这

---

① 《围城》。人民文学出版社，1991：246。
② 《围城》。人民文学出版社，1991：54。

不过是春天》，曹禺的《雷雨》，顾青海的《香妃》。

李健吾在《时当二三月》一文中说："戏是有一出的，就是早已压在靳以手边的《雷雨》……我抓住了靳以。他承认家宝有一部创作留在他的抽屉。不过，家宝没有决心发表，打算先给大家看看，再作道理。同时，靳以和巴金都说，他们被感动了，有些小毛病，然而被感动了，像被杰作感动一样。靳以说：'你先拿去看看。'我说：'不，不登出来我不看。'《雷雨》问世了。编者是有气魄的，一口气登完这四幕大剧。"① 至于把《这不过是春天》排在《雷雨》前面，李健吾的解释是，"我不埋怨靳以，他和家宝的交情更深，自然表示也就要更淡，做一个好编辑最怕有人说他徇私。"

从这个文坛掌故可以判断，当时对李健吾和曹禺剧本的看法，并不如后来那样。可能对李健吾剧本的评价更高一些。在钱锺书看来，可能他更认同李健吾的剧本，但在事实上，后来作为当时影响很大的剧作家的李健吾其实是被遗忘了。

司马长风在《中国新文学史》中提到李健吾和曹禺，他对《这不过是春天》评价很高。他比较曹禺和李健吾："如果拿酒为例，来品

---

① 《文汇报》世纪风副刊。1939年3月22日。

评曹禺和李健吾的剧本,则前者有如茅台,酒质纵然不够醇,但是芳浓香烈,一口下肚,便回肠荡气,因此演出的效果之佳,独一无二;而后者则像上品的花雕或桂花陈酒,乍饮平淡无奇,可是回味余香,直透肺腑,且久久不散。"

司马长风还说:"李健吾有一点更绝对超过曹禺,那便是前无古人,后无来者的独创性;而曹禺的每一部作品,都可以找出袭取的珠丝马迹。"

李健吾后来也写过关于《雷雨》的评论,他指出:"容我乱问一句,作者隐隐中有没有受到两出戏的暗示?一个是希腊欧里庇得斯(Euripides)的 Hippolytus,一个是法国拉辛(Racine)的 Phedle,二者用的全是同一的故事:后母爱上了前妻的儿子。"

李健吾的这个看法和钱锺书相同,不过钱锺书指出的是另外的文学作品。叶瘦秋在《钱默存先生交游录》中引过一则史料,其中可能是暗指曹禺。这则史料是:"我们的作者给他骂中了中国旧小说的余毒,气得有口难辩,因为他明明受外国的影响。他听人说过英国小说家乱伦事(D·H·Hawrence),对于犹太心理学家父老夺爱(Freud)的理论也略有些风闻,可是他又没有艺术上的勇气,真写娘儿子恋爱,所以写的乱伦事件，不过是儿子夺老父的'犹太'——如夫人。"①

钱锺书这里指的是弗洛伊德和劳伦斯的小说《儿子与情人》。这个材料据引者说是出于小说《灵感》，但在现行的小说版本中没有这段话了，有可能是原刊时出现过，以后可以查一下原刊作品的杂志。

1980年11月，钱锺书在日本早稻田大学的教授恳谈会上，以《诗可以怨》为题发表了演讲。他在本文中提到："按照当代名剧《王昭君》的主题思想，'汉妾辞宫'绝不是'怨'，少说也算得上是'群'，简直竟是良缘嘉会，欢欢喜喜，到胡人那里'扬蛾入宠'了。但是，看《诗品》里这几句平常话时，似乎用不着那样深刻的眼光，正像在日常社交生活里，看人物都无须荧光检查式的透视。"②《王昭君》是曹禺改革开放后完成的一部著名历史剧，从钱锺书的语气中可以判断，他对此剧的评价不高。

1979年5月，钱锺书访问美国，评论家水晶问钱锺书，曹禺现在

---

① 范旭仑、牟晓朋编．《记钱锺书先生》．大连出版社，1995：311。
② 《七缀集》．上海古籍出版社，1985：124。1994年出版修订本。

如何？钱锺书回答："曹禺很好。今年下半年将可能来美国访问。"①

1980年4月曹禺访问美国时，曾回答过汤晏的提问，问及钱锺书时，曹禺说："锺书与我是清华外文系同班同学，我是从南开转学去的，我们同届毕业，他是个大学问家，极其渊博。比起来，我写写剧本，只是雕虫小技没有什么，他真是了不起。"②

还有一个小细节，曹禺把《雷雨》的主要情节发生地设置在了无锡，那样一个富于传奇的故事，一定是出于无锡的大家庭，而无锡是钱锺书和杨绛的家乡。

四、拉斯基

这十几年来，学术界很注意考察拉斯基（H·J·Laski）与民国知识界的关系，相关研究论文也时有发表，不过完全的新材料还不多见。研究拉斯基与民国知识界的关系，主要是注意到当时拉斯

---

① 李明生、王培元编。《文化昆仑：钱锺书其人其事》。人民文学出版社，1999：242。

② 汤晏。《一代才子钱锺书》。上海人民出版社，2005：81。

基和哈耶克的思想都已形成，何以民国知识分子重拉斯基而轻哈耶克？解读这个问题，可能会加深人们判断某种理论思潮与时代的关系。一般说来，民国知识分子对拉斯基思想比较推重，是发现了拉斯基思想中的社会主义因素，而哈耶克对集权主义的警惕，特别是对计划经济的批判常常为人忽视。但对拉斯基思想保持另外态度的学者，也不是没有，钱锺书算是一个。

《围城》第七章结尾时，有一个细节。赵辛楣因为和汪太太的关系，要赶紧离开三闾大学，他走的时候把一些书留给了方鸿渐。钱锺书写到："凑巧陆子潇到鸿渐房里看见一本《家庭大学丛书》（Home University Library）小册子，是拉斯基（Laski）所作的时髦书《共产主义论》，这原是辛楣丢下来的。陆子潇的外国文虽然跟重伤风人的鼻子一样不通，封面上的 Communism 这几个字是认识的，触目惊心。他口头通知李训导长，李训导长书面呈报高校长。校长说：'我本来要升他一级，谁知道他思想有问题，下学期只能解聘。这个人倒是可造之才，可惜，可惜！'所以鸿渐连'如夫人'都做不稳，只能'下堂'。他临走把辛楣的书全送给图书馆，那本小册子在内。"

凡《围城》里提到的书，没有一本是钱锺书编造的，都是钱锺书平时熟悉的著作和杂志，钱锺书有深刻印象的东西才会在写作时浮现出来，写小说不同于做学问，都是信手拈来，不必时时查书。

《围城》的这个细节虽是信笔写出，但细读却有深意。钱锺书平时极少专写政论文字，他不习惯专门写文章来表达对政治的态度和判断，但不等于他对这方面的知识和现实没有看法。赵辛楣在《围城》中的身份是留美学生，专业是政治学，对当时的政治思潮自然应当熟悉，在他的知识范围内，民国知识界的思潮应该有所体现。

钱锺书在蓝田"国师"教书的时候，储安平也在那里，他讲授英国史和世界政治概论，后来还根据当时的讲义出版了一本《英国与印度》。储安平在英国学习时，最喜欢拉斯基的学说，到了他办《客观》和《观察》时，在英美政治学思潮中，他也最欣赏拉斯基，他前后办过两本周刊，其中对西方政治学者介绍最多的是拉斯基，拉斯基在中国的学生，如吴恩裕、王赣愚等基本都成为储安平的撰稿人。

为解读《围城》的这个细节，我在网上查了一下，在"老潘"的博客里看到这样一条材料："胡适对韦莲司提及'家庭大学丛书'中的一本，联想到我之前在翻译以赛亚·伯林的《卡尔·马克思：他的生平与环境》序言时遇到的'Home University Library'如何翻译的问题，正对此解。胡适提到的 Euripides and his age, By Gilbert Murray

（Home university library of modern knowledge），与 Karl Marx: His Life and Environment（Home University Library of Modern Knowledge）正是同一丛书所属。"

周质平的《不思量自难忘》常在手边，但没有注意这个细节。现在我把这个材料和《围城》里提到拉斯基的情节联系了起来。钱锺书《围城》中也提到了"家庭大学丛书"，大概这是欧美老牌政治学一类的丛书，希望以后能多留意这方面的情况，不过以常识判断，钱锺书既然提到了拉斯基的书，说明他对这套丛书很熟悉，不会只读拉斯基这一本，比如伯林这本，应当也是知道的。

拉斯基的《共产主义论》，钱锺书还在清华读书的时候，黄肇年片断的译文就曾在《新月》杂志发表，当时钱锺书也是《新月》的作者，应当熟悉拉斯基的情况。拉斯基的《共产主义论》，最早由黄肇年译出，上海新月书店1930年出版，黄肇年在南开大学翻译此书时，曾得到萧公权、蒋廷黻的帮助，后来商务再版此书时改名为《共产主义的批评》，收在何炳松、刘秉麟主编的"社会科学小丛书"中，是当时比较流行的一本书。1961年商务又作为内部读物重译了本书，改名为《我所了解的共产主义》。①

---

① 齐力译。

了解拉斯基这本书在中国的传播情况后，我们再来分析《围城》的这个细节。从钱锺书的叙述笔调判断，他对本书可能有自己的看法，多少带有否定的意味，他说这是一本"时髦书"，以此可以观察当时知识界的风气，陆子潇拿本书告密，说明当时大学中对"共产主义"的防范。高松年知道此事后的感觉是："谁知道他思想有问题，下学期只能解聘。"拉斯基的《共产主义论》是一本学术著作，并非宣传品，但"Communism 这几个字……触目惊心"，钱锺书在小说中描述这个细节，从侧面反映他的知识结构和对流行思想的感觉，这对我们研究钱锺书很有帮助。1935年，钱锺书曾写过一篇读《马克思传》的随笔，他评价本书："妙在不是一本拍马的书，写他不通世故，善于得罪朋友，孩子气十足，绝不象我们理想中的大胡子。又分析他思想包含英法德成份为多，绝无犹太臭味，极为新颖。"① 从各方面的细节判断，钱锺书对马克思、共产主义这一类思潮和人物有相当认识，至少他对"拍马的书"很不感兴趣。钱锺书对当时流行思潮保持警惕的习惯，可能影响了他一生的选择和判断，以此理解钱锺书的独立性格，应当是一个角度。

---

① 《钱锺书集·人生边上的边上》。三联书店，2006：292。

五、"小老婆"

钱锺书文章中,多用"小老婆"作比,当然,他一般不用"小老婆"这样的俗语,而用"如夫人""通房丫头""姨太太"等说法,但《围城》里用过一次"小老婆"。虽然小说不能看成作者的自传,但小说行文的习惯与作者的判断有关却是事实,更何况《围城》这部小说确实有许多本事在,通过小说理解作家,历来是文学研究的一个主要方法。

钱锺书喜欢比喻,这是没有问题的。关于比喻,钱锺书在《管锥编》中专门讲过一个道理,即"取譬于秽琐事物""取譬于家常切身之鄙琐事物"。他也多次说过"高远者狎言之"[①]说白了就是,大道理要用不正经的话表达,而一般习惯是用与"性"相关的知识来作比。钱锺书还在《管锥编》中专门提到过《金瓶梅》第六十七回温秀才的话:"自古言:不亵不笑"。钱锺书说,不知其言何出,亦"尚中笑理"。然后钱锺书引了古罗马诗人的一句话来证明这方面中外同理:"不亵则不能使人欢笑,此游戏诗中之金科玉律也。"[②] 今天流行的"黄段子",所以广泛传播,且受人欢迎,也是正中"笑理"。

[①] 《管锥编》。中华书局,第2册第748页。
[②] 《管锥编》。中华书局,第2册第1143页。

钱锺书生活的时代里，中国女性的社会地位还不很高，虽然五四以后个人意识觉醒，对女性的态度发生了很大的变化，而以往制度中对女性社会地位形成的一些成见，还不可能马上消失，或者说，意识方面自觉克制，但习惯言谈中难免流露。

"小老婆"制度的存在，有相当复杂的原因，而一种制度，凡能长期稳定存在一定周期，必有与之相配的具体社会条件。一般说来，总有某些道理在，比如遗传、人口的品质、权位以及财产继承中尽可能避免冲突等人类早期经验。这种现象在当时是合法的，但一般社会成员，对于此种制度下的女性与后代，难免有成见，这种习惯长时间留在人的意识中，形成风俗，有时候非常开明的人，在提到与此现象有关的人和事时，口吻和笔调中流露出的感觉，反映了作者对此现象的一种判断，虽然不是直接道出，但可以想见作者的态度。钱锺书对"小老婆"的认识，也没有超出当时风俗的制约，所以在他笔下，凡提到"小老婆"，难免有轻蔑的意味。

1935年，钱锺书和陈衍谈话，后记录为《石语》印行，其中谈到曾履川和林纾的一段掌故。曾履川向林纾请教古文之道，林纾高坐而言："古文之道难矣，老夫致力斯事五十年，仅几乎成耳。"《石语》中记录："履川大不悦，以为先生五十年所得尔尔，弟子老寿未必及先生，更从何处讨生活耶？去而就吴北江。北江托乃翁之荫，文学造诣，实逊畏庐，而善诱励后进，门下转盛于畏庐也。"

吴北江系吴汝纶之子，也是"桐城派"后期的重要作家。钱锺书此处下一批语："北江庶出，少不为家人所容。虽依托乃父为名高，而时时有怨望之词。"虽是叙述吴北江的出身，但留意处在他的"庶出"身份，似略有意味。叶瘦秋《钱默存先生交游录》中引过一则史料，原出于钱锺书小说《灵感》的初版中，后来删除了。这则史料是："我们的作者给他骂中了中国旧小说的余毒，气得有口难辩，因为他明明受外国的影响。他听人说过英国小说家乱伦事（D·H·Hawrenc），对于犹太心理学家父老夺爱（Freud）的理论也略有些风闻，可是他又没有艺术上的勇气，真写娘儿子恋爱，所以写的乱伦事件，不过是儿子夺老父的'犹太'——如夫人。"[①] 这段小说中的叙述语气，最后也落在了"如夫人"身上，可以见出钱锺书的某种趣味。对比《围城》里著名的比喻：

"我在华阳大学的时候，他们有这么一比，讲师比通房丫头，教授比夫人，副教授呢？等于如夫人，——"鸿渐听得笑起来——这一字之差不可以道理计。丫头收房做姨太太，是很普通——至少在以前

---

① 范旭仑编。《记钱锺书先生》。大连出版社，第311页。

很普通的事,姨太太要扶正做大太太,那是干犯纲常名教,做不得的。①

《围城》最后,方鸿渐和孙柔嘉在香港见到苏文纨,回到旅馆后孙柔嘉对苏文纨有一个评价:"俗没有关系,我觉得她太贱。自己有了丈夫,还要跟辛楣勾搭,什么大家闺秀,我猜是小老婆的女儿吧。"②

作家在他文字中保留重复使用一个固定比喻的习惯,一般说明他对这一比喻有偏好,而这一偏好中,可能隐含着他对这一现象和人事关系的某些理解与判断。

---

① 《围城》。人民文学出版社,1991:269。
② 《围城》。人民文学出版社,1991:308。

鲍小姐

关于《围城》的主题,现在有各种各样的说法,一般都认为这是一部对婚姻和爱情困境进行思考的小说,也有人认为是一部叙述人与人之间无法沟通,误会无法解释,表达现代人生的困境的小说。夏志清说《围城》是"探讨人的孤立和彼此间无法沟通的小说"。

小说一旦成为经典,它就获得了被从各个方面解释的资格,只要材料是真实的,选择的解释工具在知识体系中是合格的,能自圆其说,怎么理解都可以。这方面的文章和著作太多了,按下不表。我来说我对这部小说的理解。

凡长篇小说,一般说来,没有不写爱情和婚姻的,除非特殊情况。所以单纯认为《围城》是一部关于婚姻和爱情的小说,不能说没有道理,但总稍嫌简单。把一部小说,硬往哲学深处解释,比如用存在主义、后现代的理论来分析,也可以,但好像离题远了一点。

我对《围城》主题的理解非常简单,这是一部关于人性的书,钱锺书的意图在于提示人性中的弱点和无法消除的根性。这一点,钱锺书在《围城》自序中说得非常明白:"我没忘记他们是人类,具有无毛两足动物的基本根性。"有一点要提醒诸位,《围城》的生活范围算得是上流社会,至少是中产阶层,在一般认识中,都是知书达理的,都是有教养的,但钱锺书的目光却正是要针对有教养阶层的弱点,他要告诉读者,外在的教育和知识很难改变"人的基本根性",就是高级知识分子也不过如此。人生的意义和价值要从这一点去观察,所以在《围城》中,对人性弱点的揭示最明显,这也是钱锺书有意追求的,在他笔下的人物中,没有他不讽刺的,大约只有唐晓芙是个例外。

作为长篇小说,《围城》最大的贡献不在小说的结构,这部小说在结构上没有什么创造性,整部小说中,只有方鸿渐一个人物是贯穿始终的,多数人物是在狭窄的活动空间中完成了他们的任务后就退出了小说，小说人物之间不具备复杂性和多种多样的交叉关系。

这部小说的主要贡献在于钱锺书的语言和叙述技巧，特别是钱锺书的讽刺艺术和把各种知识巧妙融合与应用自如的本领，这一点，在中国现代长篇小说创作中，达到了相当高的水平。有人认为这是学人小说，有人认为是流浪汉小说等等，不管用什么说法和概念，这是一部可以从青年读到老年的书，在不同年龄阶段，会有不同阅读感受。还有一个特点是，这部小说的着眼点在探索人性，叙述人生，对于具体的时代现实生活并没有刻意描述，小说中偶有对当下生活的一点讽刺与评价，特别是对当时战争环境人们的有些表现，但钱锺书只把战争作为人物活动的背景处理，他没有正面涉及战争以及战争带给人们的特殊影响，他注重的是日常社会生活，注重的是常态的人生遭遇。钱锺书没有选择任何一种政治立场，只按他自己对人性的理解来叙述自己的人生体验，所以在钱锺书笔下，所有发生过的社会生活和处在其中的人物，他们地位是平等的。这个特点使《围城》获得了超越时空的艺术魅力，不会因时代具体生活发生变化而失去阅读价值，钱锺书不是用小说的形式来反映当时的生活，而只是用小说的形式叙述自己的人生感受。在中国现代文学史上，《围城》是常读常新的小说，特别是对于知识分子来说，这部小说应当是永远不会过时的。

在《围城》中,方鸿渐和四个女性有过交往,在这种交往中,方鸿渐自己的感受非常不同。一般认为,唐晓芙是方鸿渐最理想的女性标准,但这个人物在小说中突然消失了。苏文纨有世俗眼光中的一切,家境、文凭、美貌,但也有庸俗。方鸿渐最后的选择是孙柔嘉,一个相貌平平,但有心计的女性,最后还是吵架终至分手。还有一位就是鲍小姐。

这四个女性中,只有苏文纨见过其他三个,唐晓芙是她表妹,自不必说了,在归国的船上,鲍小姐是和她一个船舱的上铺。小说第八章中,方鸿渐和孙柔嘉在香港一起见过苏文纨,而其他女性之间并没有任何交往。唐晓芙只是在和方鸿渐发生冲突后,才从她表姐苏文纨口中知道了方鸿渐和鲍小姐的关系。所以在《围城》中,鲍小姐基本上是一个孤立的人物。

诸位要注意,在《围城》中,最先出场的女性是苏文纨,第二个是鲍小姐。在钱锺书笔下的四个女性中,鲍小姐虽然最先消失,但钱锺书对她的着墨并不少。

在方鸿渐周围的四个女性中,如果我们留意,可以发现这四个女性其实代表了一般女性的四种类型:

> 鲍小姐的"性感"。
>
> 唐晓芙的"天然"。
>
> 苏文纨的"知性"。
>
> 孙柔嘉的"凡俗"。

对男性来说,他们期待这四者集于一人,但现实生活中完全不可能,常常是杨绛说的:"方鸿渐失恋后,说赵辛楣如果娶了苏小姐也不过尔尔,又说结婚后会发现娶的总不是意中人。这些话都很对。可是他究竟没有娶到意中人,他那些话也就可释为聊以自慰的话。"[1]

在这四种类型的女性中,前两种对男性最有吸引力。在《围城》中,方鸿渐恰好也是在这两类型的女性中处于主动,而在后两类女性中,他实际上是处于被动地位的。这个现象其实与钱锺书的一个认识有关。诸位记得,《围城》第一章中写方鸿渐认同叔本华的一个看法:"世间哪有恋爱?压根是生殖冲动。"[2] 当鲍小姐后来不理方鸿渐时,他发了这么一通感慨:

> 他想不出为什么鲍小姐突然改变态度。他们的关系就算这样

---

[1] 《将饮茶》。三联书店,1987:109。
[2] 《围城》。人民文学出版社,1991:8。

了结了么?他在柏林大学,听过名闻日本的斯波朗格教授(Ed Spranger)的爱情(Eros)演讲,明白爱情跟性欲一胞双生,类而不同,性欲并非爱情的基本,爱情也不是性欲的升华。他也看过爱情指南那一类的书,知道有什么肉的相爱、心的相爱种种分别。鲍小姐谈不上心和灵魂。她不是变心,因为她没有心;只能算日子久了,肉会变味。反正自己并没吃亏,也许还占了便宜,没得什么可怨。方鸿渐把这种巧妙的词句和精密的计算来抚慰自己,可是失望、遭欺骗的情欲、被损伤的骄傲,都不肯平伏,像不倒翁,捺下去又竖起来,反而摇摆得利害。①

在方鸿渐的人生中,他事实上也没有摆脱这种困扰。

鲍小姐这个人物,在《围城》中不算一个重要人物,但却是给读者留下深刻印象的一个人物。应该说这个人物非常生动和鲜明,她的选择没有什么功利色彩,是人生在寂寞的旅途中常常会选择的一种生活方式。虽然在《围城》中,钱锺书通过孙太太、苏文纨和其他人的眼光对鲍小姐有所批评,但方鸿渐最终还是被她吸引,这就是人生的困境。人性有这方面的弱点。

---

① 《围城》。人民文学出版社,1991:21。

杨绛认为鲍小姐这个人物，来源于她和钱锺书从法国回来时的经历：

我们乘法国邮船阿多士Ⅱ（Athos Ⅱ）回国，甲板上的情景和《围城》里写的很像，包括法国警官和犹太女人调情，以及中国留学生打麻将等等。鲍小姐却纯是虚构。我们出国时同船有一个富有曲线的南洋姑娘，船上的外国人对她大有兴趣，把她看作东方美人。我们在牛津认识一个由未婚夫资助留学的女学生，听说很风流。牛津有个研究英国语文的埃及女学生，皮肤黑黑的，我们两人都觉得她很美。鲍小姐是综合了东方美人、风流未婚妻和埃及美人而抟捏出来的。锺书曾听到中国留学生在邮船上偷情的故事，小说里的方鸿渐就受了鲍小姐的引诱。鲍鱼之肆是臭的，所以那位小姐姓鲍。①

《围城》中鲍小姐出场是在孙太太和苏小姐的对话中，对鲍小姐是鄙视的，但方鸿渐却一度被她迷住了。在男性和女性的眼光中，鲍小姐恰好是一个相反的评价，女性厌恶她，但男性却为她所迷，钱锺书笔下的这个角色，恰好是他对人性的一种深刻理解。在自然的生活和社会的价值冲突中，人很难摆脱与生俱来的冲动。所以在钱锺书笔

---

① 《将饮茶》。三联书店，1987：109。

下，他对鲍小姐有批评，借方鸿渐的口说她："谈不上心和灵魂，她不是变心，因为她没有心，只能算日子久了，肉会变味"。

鲍小姐出场的描写，是最具钱锺书风格的文字：

两人回头看，正是鲍小姐走向这儿来，手里拿一块糖，远远地逗着那孩子。她只穿绯霞色抹胸，海蓝色贴肉短裤，漏空白皮鞋里露出涂红的指甲。在热带热天，也许这是最合理的妆束，船上有一两个外国女人就这样打扮。可是苏小姐觉得鲍小姐赤身露体，伤害及中国国体。那些男学生看得心头起火。口角流水，背着鲍小姐说笑个不了。有人叫她"熟食铺子"（charcuterie），因为只有熟食店会把那许多颜色暖热的肉公开陈列；又有人叫她"真理"，因为据说"真理"是"赤裸裸的"。鲍小姐并未一丝不挂，所以他们修正为"局部的真理"。①

钱锺书这样交代鲍小姐的身世：

鲍小姐生长澳门，据说身体里有葡萄牙人的血。"葡萄牙人的血"这句话等于日本人说有本位文化，或私行改编外国剧本的作者声明他

---

① 《围城》。人民文学出版社，1991：5。

改本"有著作权,不许翻译"。因为葡萄牙人血里根本就混有中国成分。而照鲍小姐的身材估量,她那位葡萄牙母亲也许还间接从西班牙传来阿拉伯人的血胤。鲍小姐纤腰一束,正合《天方夜谭》里阿拉伯诗人所歌颂的美人条件:"身围瘦,后部重,站立的时候沉得腰肢酸痛。"长睫毛上一双欲眠似醉、含笑、带梦的大眼睛,圆满的上嘴唇好像鼓着在跟爱人使性子。她那位未婚夫李医生不知珍重,出钱让她一个人到伦敦学产科。葡萄牙人有句谚语说:"运气好的人生孩子第一胎准是女的。"因为女孩子长大了,可以打杂,看护弟弟妹妹,在未嫁之前,她父母省得下一个女佣人的工钱。鲍小姐从小被父母差唤惯了,心眼伶俐,明白机会要自己找,快乐要自己寻。所以她宁可跟一个比自己年龄长十二岁的人订婚,有机会出洋。英国人看惯白皮肤,瞧见她暗而不黑的颜色、肥腻辛辣的引力,以为这是道地的东方美人。她自信很能引诱人,所以极快、极容易地给人引诱了。好在她是学医的,并不当什么一回事,也没出什么乱子。她在英国过了两年,这次回去结婚,跟丈夫一同挂牌。上船以后,中国学生打听出她领香港政府发给的"大不列颠子民"护照,算不得中国国籍,不大去亲近她。她不会讲法文,又不屑跟三等舱的广东侍者打乡谈,甚觉无聊。她看方鸿渐是坐二等的,人还过得去,不失为旅行中消遣的伴侣。苏小姐理想的自己是:"艳如桃李,冷若冰霜",让方鸿渐卑逊地仰慕而后屈伏地求爱。谁知道气候虽然每天华氏一百度左右，这种又甜又冷的冰淇淋作风全行不通。鲍小姐只轻松一句话就把方鸿渐钩住了。鸿渐搬到三等的明天，上甲板散步，无意中碰见鲍小姐一个人背靠着船栏杆在吹风，便招呼攀谈起来。讲不到几句话，鲍小姐生说："方先生，你教我想起了我的 fiance，你相貌和他像极了！"方鸿渐听了，又害羞，又得意。一个可爱的女人说你像她的未婚夫，等于表示假使她没订婚，你有资格得她的爱。刻薄鬼也许要这样解释，她已经另有未婚夫了，你可以享受她未婚夫的权利而不必履行跟她结婚的义务。无论如何，从此他们俩的交情像热带植物那样飞快的生长，其他中国男学生都跟方鸿渐开玩笑，逼他请大家喝了一次冰咖啡和啤酒。①

方鸿渐在西贡和鲍小姐玩了两天，回到船上，很快就分手了。方鸿渐后来对鲍小姐的评价是："女人是最可怕的"。方鸿渐原来以为鲍小姐看中了他，现在才明白自己是被鲍小姐引诱摆布玩弄了，还要给他暗笑。

钱锺书只是借方鸿渐的口否定了鲍小姐，而事实上却对鲍小姐的行为没有发表评论。在《围城》中，鲍小姐是与方鸿渐身体接触最多

---

① 《围城》。人民文学出版社，1991：13。

的一位女性，在以后的描写中，钱锺书再没有用过比描写鲍小姐再过分的笔墨，就是方鸿渐和孙柔嘉结婚前后，钱锺书也没有再用过类似的描写，由此可见，在钱锺书看来，也许灵与肉有时是可以分离的。[①]

本文系《〈围城〉女性分析》演讲稿节选

[①] 本文系《〈围城〉女性分析》演讲稿节选。

《围城》涉及的人和事

《围城》研究中,有专门走索隐一路的,比如大连范旭仑先生。文学研究中的索隐方法,本身并不能说没有一点价值,比如《红楼梦》研究中的索隐派。索隐的目的如果是为了深入研究文学作品,为了尽可能从较丰富的侧面来解释文学作品,应当说还是一种有益的方法。但索隐要有一个前提,就是研究者面对的文本本身有没有写实的倾向,如果完全没有,却来索隐,就不太合适。所谓索隐就是要努力建立作品与真实生活的关系,解释出作品背后的本事和作家创作灵感的来源。

钱锺书在《围城》序言中说过："角色当然是虚构的，但是有考据癖的人也当然不肯错过索隐的机会、放弃附会的权利的。"

《围城》具备索隐的前提，所以在《围城》研究中，注意索隐的研究不能说没有意义，事实上，在所有关于《围城》的研究中，多多少少，都会借鉴一些索隐的结果和方法。

方鸿渐有钱锺书本人的影子，因为方的经历和钱有相似处。唐晓芙有杨绛的影子，唐、杨大学读的都是政治系，父亲也都是律师。赵辛楣有储安平的影子，赵是留美学生，储是留英学生；赵在华美新闻社供职，储在上海办过《观察》周刊。董斜川有冒效鲁的影子，冒效鲁家学渊源，是冒辟疆的后人。他父亲冒鹤亭，这与《围城》中董斜川的经历正好对应，冒效鲁夫人是一个画家，董斜川夫人也是。冒效鲁旧诗做得很好，一生与钱锺书唱和。

褚慎明有许思园的影子。许思园于1933年自印英文著作《人性与人之使命》一书，将人性划分为知解和性灵两部分，主张存天理、节人欲，仁义并行。《围城》中褚慎明常翻外国哲学杂志，查出世界大哲学家的通信处，写信给他们，外国哲学家便回信赞褚慎明是中国新哲学的创始人,还要送书给他。褚慎明靠着三四十封这类信,吓倒了无数人。许思园《人性与人之使命》出版后,将其分寄给海内外著名人士,先后收到约翰·曼斯菲尔德、白克司、纪德、托马斯·曼、杜里舒、范佛勒、桑塔亚那、泰戈尔等人的回信,可惜"文革"中全部被毁。他到法国后,更遍访法国名人。《围城》中说,有位爱才的阔官僚花一万金送褚慎明出洋,而许思园出国曾得到吴稚晖的帮助。《围城》中罗素请褚慎明喝过一次茶,他从此研究数理逻辑。许思园与中国近代数学家华蘅芳有亲戚关系,所以自幼即喜欢钻研数学,后著有《相对论驳议》《从一种新观点论几何学基础》《波动力学的基础及其哲学含义》等。

苏文纨形象可能来源于赵萝蕤。先看一则掌故:

我学科考试那一天,俞平伯、周一良两位先生因事未来。钱先生一进来,陈梦家先生就以不那么友好的口气说:"江南才子钱锺书。"钱先生不假思索地回了一句:"上虞学人陈梦家。"兹后,在答辩过程中,梦家先生问了我一个问题:"敦煌壁画和唐诗有什么关系?"这个题目显然是有些含混不清,如果他问敦煌壁画或遗书对研究唐诗有何作用,那当然是可以的。所以我对这一问题犹豫了好一会儿未作回答。钱先生意识到这个问题本身是不大合适的,站了起来说:"这个问题我也不懂得如何回答。"不仅替我解了围,而且弄得梦家先生也有点不好意思。事后我一直想这样一个问题:梦家先生早年是新月派诗人,以后专攻甲骨文,与钱先生在业务上风马牛不相及,平时又没有什么接触,为什么两人碰到一起就会摩擦出火花?我所能做出唯一的解释是:在当时北京高校中,夫妇两位都是教授的为数不多,同为教授而且有一定声望的更是凤毛麟角。钱先生夫妇是名教授可说是尽人皆知的,而梦家先生的夫人赵萝蕤也是燕京大学外文系有名的教授,两家可说是旗鼓相当。但在名声上,总没有钱先生夫妇那么响亮。正因为这一点,使梦家先生心理上有点不平衡,一有机会就想刺一下,而钱先生当然不是好惹的,必然要采取"来而不往非礼也"的办法予以还击。这是我认为两人之间发出不和谐音的症结所在。至于此外是否尚有其他原因,局外人就不得而知了。

这是周祖撰《百求一是斋丛稿》[①]中《清华园旧事——忆钱锺书先生》提到的一个细节。

赵罗蕤和杨绛同时在清华读过研究院,钱锺书当时也恰在清华,

---

① 厦门大学出版社,2006年。

赵罗蕤是叶公超的学生。《围城》写道："苏小姐在里昂研究法国文学，做了一篇中国18家白话诗人的论文，新授博士。她的18家诗人里好像没讲曹元朗，再版的时候应该补上。"陈梦家《新月诗选》，1931年刊行，收徐志摩等18人的作品，但没有叶公超。

中国最早介绍艾略特的是叶公超，赵罗蕤最早翻译了艾略特的《荒原》。

钱锺书译洋人名字，很见机巧，他总是能找到洋人名字读音与中文恰当的对音，而对音字义又恰合洋人一般思想特质，对音字词的选择，包含了对洋人的判断及评价。钱锺书将弗洛伊德（Freud）译为"父老夺爱"，因弗氏潜意识理论源于俄狄浦斯情节，有乱伦意味；他译英国小说家劳伦斯（D·H·Hawrence）为"乱伦事"，因劳伦斯有本小说《儿子与情人》；他译艾略特（Eliot）为"爱利恶德"；桑塔耶娜（Santayana），钱锺书译为"山潭野衲"等。

叶公超很推重艾略特的诗。《围城》中曹元朗的议论，让人联想到叶公超对艾略特的理解。曹元朗说："你只要看忽而用这个人的诗句，忽而用那个人的诗句，中文里夹了西文，自然有一种杂凑乌合的印象……诗有出典，给识货人看了，愈觉得滋味浓厚，读着一首诗就联想到无数诗来烘云托月。方先生，你该念念爱利恶德的诗，你就知道现代西洋诗人的东西，也是句句有来历的。"

由周祖撰提到的细节，可知钱、陈关系微妙，涉及赵罗蕤应在情理中。钱锺书将对陈、赵的感受，虚虚实实杂糅在小说里，也在情理中。

二钱与陈衍之关系

二钱是钱锺书和钱仲联。

二钱的关系以及和陈衍的关系，今人李洪岩、范旭仑、刘梦芙多有关注。特别是李洪岩《钱锺书与近代学人》[①]及刘梦芙《二钱诗学之研究》[②]中涉及相关史实至详至富。二钱关系与陈衍可判断为一个问题的两面，二钱关系，刘梦芙的判断是"疏而不亲"，陈衍在二钱中间。

---

① 百花文艺出版社，1998年。
② 黄山出版社，2007年。

钱锺书亲近陈衍,一生基本不说陈衍的不是;钱仲联也尊敬陈衍,但时有微词,《梦苕庵诗话》所记甚多,对陈衍编的《近代诗钞》很有意见。陈衍选近代诗,有他自己固定的趣味,但也极重人情,当时即许多人诟病。诗选中闽人最多,把自己儿子和厨子的诗都选进去了。汪辟疆《光宣诗坛点将录》中曾开他的玩笑说,张宗扬被命为"监造供应一切酒醋一员",评为"此脯椽也,小人张,主人衍",并引章士钊诗说:"石遗老子吾不识,自喜不与厨师邻"。陈衍是有性情、重人情的长者(钱锺书喜欢有性情的人)。其实陈衍何尝不知宗扬诗的好坏,他在《石遗室诗话》续编最后就专门说过"张宗扬读书至不多",诗话最后一节还评论了张宗扬儿子的诗。与选诗,可认为容有不妥,与人际,则尽在情理,这可能恰是陈衍的可爱处。陈衍《石遗室诗话》续编中对二钱诗均有评价,这已为一般熟悉二钱关系者所熟知,此不具引。

1984年,钱锺书出版《谈艺录》补订本,讲到黄公度的诗时,特别补了一条:"钱君仲联笺注《人境庐诗》,精博可追冯氏父子之注玉溪、东坡,自撰《梦苕庵诗话》,亦摘取余评公度'俗艳'一语,微示取瑟而歌之意"[1],委婉表示钱仲联和自己的看法不相同。

---

[1] 《谈艺录》。1984:347。

1958年，钱锺书著文批评钱仲联的《韩昌黎诗系年集释》，这是二钱正面相遇的唯一公开事实，钱仲联没有正面回答，但也并没有完全接受钱锺书的意见，此后的往来就是相互尊敬和客气了。范旭仑读《容安馆札记》最细，他发现其中有两句对钱仲联的刻薄语，因是私人笔记，更见真实内心。二钱关系，可能从青年时代就约有隐情，或许与陈衍相关。

　　钱锺书《石语》开篇说："民国二十四年五月十日，石遗丈八十生辰，置酒苏州胭脂桥寓庐，予登堂拜寿。席散告别，丈怃然曰：'子将西渡，予欲南归，残年远道，恐此生无复见期。余以金石之坚，松柏之寿，善颂善祷。'丈亦意解。"

　　陈衍八十生辰，场面极大。《梦苕庵诗话》中有对此的详细记载："乙亥浴佛日，为陈丈石遗八十寿诞。是翁老当益壮，强饭健谈，意态如五、六十人。是日四方冠盖往吴门祝寿者，不下数十人。有堂会，其女弟子魏新绿演《文昭关》之伍员及《坐宫》之杨延辉，老伶工贾福堂演《捉放曹》之曹操，赵栖云演《女起解》之苏三，电影明星徐琴芳演陈宫唱《落店》，极一时之盛。"①

---

　　① 张寅彭主编。《民国诗话丛编》。第6卷第284页。

"乙亥浴佛日"是农历四月初八，公历1935年5月10日，与《石语》所记相合，可见同一天二钱都参加了陈衍的生辰。《梦苕庵诗话》描述了这个盛大场面后，用相当篇幅节引了钱锺书父亲钱基博一篇寿文，这篇寿文多是对陈衍的赞颂，但也有批评。钱基博后撰《现代中国文学史》，大体也是这个意思。陈衍认为"同光体"源自祁寯藻、程恩泽（《近代诗钞》首选祁寯藻），钱基博则以为"同光体"是由桐城派的刘大櫆、姚鼐到曾国藩一路下来，这才是"同光体"的诗学门径。这个学术见解，钱仲联和钱基博相同。所以钱仲联才说"此段论石丈诗至当，然亦不无弦外之音。"这个"弦外之音"即："观其选定《近代诗钞》，意岂不欲开户牖、设坛坫者。何意嗣响无人，遂贻论同光体者以数典忘祖之讥。"①

钱锺书喜欢陈衍，除了个人交往和个性方面的原因外，与他们二人均喜"谈艺"相关。钱锺书的特点是特别善于从中外大量文学艺术活动以及人类的一般精神活动中总结规则，发现相同或者相异的现象并进行深入阐释，此点与陈衍的艺术趣味接近，当然也与陈衍在当时中国诗坛的地位相关。《石遗室诗话》实为中国近代诗史，当时各派大小诗人刊印诗集，多数有陈衍题签题词和序文，此点钱

---

① 张寅彭主编。《民国诗话丛编》。第6卷第285页。

锺书也未能免俗。

陈衍当时每周往无锡国专讲学一次,《梦苕庵诗话》记载:"石遗丈老矣,而精神矍铄,卜居吴门胭脂桥。每来复日,犹能来无锡国学院讲学,与唐蔚师有同年之谊也。丈故学者,诗特余事。然所著《石遗室诗话》三十二卷,衡量古今,不失锱铢,风行海内,后生奉为圭臬,自有诗话以来所未有也。近于三十二卷之外,复有续辑。海内诗流,闻石丈续辑《诗话》,争欲得其一言以为荣。于是投诗乞品题者无虚日,至有千余种之多。以杖朝之年,而办此苦差,名之累人如此。"①

陈衍评价钱锺书时说过:"钱默存近作,余已略话一二,兹得其所印今年初刊诗一小册,有甚工者数首。"此即指钱锺书当时自印的《中书君诗初刊》,可判断为是钱锺书送给陈衍指正的。钱仲联对陈衍的看法却很复杂,他认为《诗话》续编中"前编所未收者,多见于此编",也一一指出了许多人,包括他自己和王蘧常,但没有提钱锺书的名字。钱仲联接着说:"欲知近十余年来诗风者,于此求之足矣。丈自言海内诗人奇到之集,已阅过者,殆满一间屋,而架上案头,有已选佳句不及收入者,尚不可胜计。限于时间与篇幅,徒呼负负。俟

---

① 张寅彭主编。《民国诗话丛编》。第6卷第272页。

补《续近代诗钞》时,当次第收入云。丈谓余诗多隽句,雅似其乡何梅生,又甚似海藏。此则丈但见余已刻之《二仲诗》,故为此言。后此所作,风格大变,殊不愿在闽人门下讨生活也。"这后一句话,对陈衍的不满溢于言表,似也可读出一点言外之意,陈衍喜欢钱锺书。

二钱均为中国极有成就的大学者,但治学趣味有异,为人处事不同,彼此尊重,但也时显个性。知二钱与陈衍关系亲疏,也可略见近代中国诗坛人事之复杂及趣味之高雅。

钱锺书的"代笔"之作

国内关于钱锺书早年文字生涯的史料线索,多数是范旭仑、李洪岩、刘桂秋等几位学者最早给出的,虽然当时因为发现史料的条件有限,下结论和判断非常谨慎,但现在看来,他们的判断多是准确的。比如钱锺书为其父钱基博"代笔"一事,刘桂秋《钱锺书为钱基博"代笔"考》一文,坐实了五篇钱锺书的"代笔"之作。① 李洪岩《智者的心路历程》所举三例,当时二例可以坐实,而认为《箫心剑气楼诗存·序》也是钱锺书手笔,未下确切断语,李洪岩抄录原序后说:"请

---

① 王玉德主编。《钱基博学术研究》。华中师范大学出版社,2008:39。

读者来判断这篇序是不是钱锺书的作品,我们这里不下结论。"①

《箫心剑气楼诗存》是无锡孙颂陀的诗集,孙颂陀名肇圻,字北萱,号颂陀、蒲石居士,是钱基博的表兄。工书善画,精于诗词,晚年避居上海,著有《箫心剑气楼诗存》等诗文集,另有《箫心剑气楼纪事诗》一卷,1943年铅印,此集由其兄孙保圻作序,以律诗叙生平,实为诗传,我曾在旧书肆购得一册。据孙颂陀诗中注释,他当时还有《癸丁剩稿》《劫余草浣》《蒲抱石轩诗稿》《春水词》《蒲石词》《朴园笔记》等未刊著述。

《箫心剑气楼诗存·序》作于1931年,署名钱基博,据傅宏星《钱基博年谱》说,曾在无锡当地报纸刊出过。李洪岩判断为钱锺书"代笔"之作,主要依据是序言对中国古代诗歌的独特见解,完全符合钱锺书的观点和文风。李洪岩引述原序中这样一段:"窃见近世之称诗者,多诵西江,其不然者,高谭盛唐。然而诵西江者,以主生涩为奥峭,而不知弓燥固贵乎柔。言盛唐者,以庸肤为高亮,而不知大含尤薪细入。斯诚诗道之穷,莫若抹以清新,清则不涩,新则不腐。……然而清新之过,其敝为滑易,袁枚是也。诚以为宋

---

① 《智者的心路历程》。河北教育出版社,1995:71。

贤黄、陈之前，先以宛陵、荆公，由凄婉出清新，斯不涉于倾泻。唐贤李、杜而外，饶以右丞、孟氏，由清新得深远，乃不失之寒俭。工而入微，迹象浑然。"

陈声聪《兼于阁诗话》中有一节《孙颂陀》，也引了《箫心剑气楼诗存·序》中此段。陈声聪对孙颂陀诗的评价是"诗近平衍"，而对那篇序言却大加赞赏，认为"序文极高朗，论诗宗旨，尤契我心。"[①]陈声聪在文章最后说："钱氏自谓不能诗，顾乃眼力过人，所论尤深中清季诗人之弊。"

陈声聪对中国近代诗坛艺文、掌故极为熟悉，阅尽沧桑，见多识广，本是诗人，又与老辈多有交往。他对这篇序言的评价，换个角度，可以理解为是出自钱锺书手笔的一个旁证，至少是一种判断角度，因为此等识见，出自钱锺书手笔更顺理成章。

1934年，钱锺书自印《中书君诗初刊·跋》中曾说："旧作答颂陀丈有云：不删为有真情在，偶读如将旧梦温。"可见钱锺书对孙颂陀的感情，有这样的感情，为其诗集代写序文，当是情理中事。

---

① 《兼于阁诗话》。上海古籍出版社，1983：201。

钱锺书与周氏兄弟

一

许多研究中国现代文学史的人注意到一个现象,就是钱锺书在他一生的文字中,极少提到鲁迅。应当说,这个判断大体是可以成立的。鲁迅和钱锺书不是一代人,但因为鲁迅在中国现代文化史上的地位太重要,一切生活在这个时代的中国知识分子,很少有不和他发生关系的,就是没有直接关系,也有间接关系,没有间接关系,也极少有在文章中不曾提到过鲁迅的。特别是在1949年以后,中国知识分子中,从不提鲁迅的,钱锺书可能是极少的例外。

钱锺书不提鲁迅，不是一个偶然的习惯问题，而是有意识的选择，这种选择中包含了钱锺书对他所生活时代中的知识分子的总体评价，在钱锺书眼中，中国现代知识分子的地位是不高的，钱锺书看不起他们。傅璇宗在《缅怀钱锺书先生》一文中回忆，1984年他出版《李德裕年谱》后，因为书名是钱锺书题写，他给钱锺书送去一本。钱锺书对傅璇宗说："拙著四二八页借大著增重，又四一六页称吕诚之丈遗著，道及时贤，惟此两处。"①这是钱锺书说他在新版的《谈艺录》中提到了傅璇宗的《黄庭坚与江西诗派研究资料汇编》，本书中还引述了吕思勉的《读史札记》。从钱锺书对傅璇宗说话的口气中，可以看出他对中国当代知识分子的基本态度："道及时贤，惟此两处。"这是一个自觉的选择，选择即是判断。

二

既然钱锺书不愿意在他的所有文字中提及鲁迅、或者周氏兄弟，研究者总要找出原因和事实。因为钱锺书生活的时代，要完全避开周氏兄弟是一件非常困难的事，一是因为他们的专业相近，二是早年也

---

① 王培元等编。《文化昆仑——钱锺书其人其文》。人民文学出版，1999：81。

曾有过间接的文字关系。钱锺书对中国文化的研究非常深入，特别是在中国古典文学的研究中有许多创获，而这个领域恰好和周氏兄弟重合，所以在非要涉及周氏兄弟的时候，钱锺书的办法是暗指而不明说。李国涛在《钱锺书文涉鲁迅》一文中注意到，二十世纪四十年代，钱锺书在上海发表《小说识小》数题，其中谈到《儒林外史》时，钱锺书发现，吴敬梓沿用古人旧材料不少，创造力不是最上乘的。钱锺书说："中国旧小说巨构中，《儒林外史》蹈袭依傍处最多"。同时钱锺书指出："近人论吴敬梓者，颇多过情之誉"。这个"近人"是指谁呢？李国涛认为是指胡适和鲁迅，胡、鲁之著都是名著，影响甚大，钱锺书都曾寓目，可能更多地是指鲁迅。①

高恒文研究指出，钱锺书《小说琐证》开篇即引焦廷琥《读书小记》卷下一则笔记，《西游记》演比丘国事本《旧唐书·杨虞卿传》，而有"此可补周氏《小说旧闻钞》"之按语。"周氏"即周树人，即鲁迅。此文发表于1930年的《清华周刊》第34卷第4期，可见作者看到的《小说旧闻钞》当为1926年版；查该书1935年版，虽然有所增加、改正，但钱锺书以为"可补"的这条材料并没有补入。②

---

① 李国涛。《钱锺书文涉鲁迅》，《光明日报》。2001年6月15日。
② 见华东师大"思与文"网站。

钱锺书在晚年不得已提到鲁迅的时候，主要倾向是否定的，一方面是避免直接提及鲁迅，非要提及的时候，尽量少说或者不说，而且谈锋中颇有深意。解读钱锺书与周氏兄弟的关系，是理解钱锺书的一个角度，也是理解钱锺书心理的一个角度，注意这个思路，对于深入研究钱锺书是有帮助的。

钱锺书不愿意提及鲁迅，不等于他从来没有提过鲁迅，而是说他可能从青年时代就对周氏兄弟的学问和人格有自己的看法。

从目前已见到的史料判断，钱锺书最早提到周氏兄弟是在1932年11月1日出版的《新月》杂志上（第4卷第4期）。在这一期杂志的书评专栏中，钱锺书以"中书君"的笔名发表了一篇评论周作人《中国新文学的源流》的文章，这一年钱锺书只有22岁，还是清华大学的学生。虽然钱锺书在文章中对周作人的书先做了一个抽象的肯定，认为"这是一本可贵的书"，但在具体评述中，基本是对周作人看法的否定。在文章中钱锺书有一段提到："周先生引鲁迅'从革命文学到遵命文学'一句话，而谓一切'载道'文学都是遵命的，此说大可掛酌。研究文学史的人都能知道在一个'抒写性灵'的文学运动里面，往往所抒写的'性灵'固定成为单一模型；并且，进一步说所以要'革'人家'命'，就是因为人家不肯'遵'自己的'命'。'革命尚未成功'，乃需继续革命；等到革命成功，便要人家遵命。"①

从一般常识上判断，钱锺书读书的时代不可能不读鲁迅的书，这篇书评只透露了一个信息，钱锺书是读鲁迅的。需要注意的是，就在钱锺书发表这篇书评不久，他父亲钱基博的《现代中国文学史》在1933年9月由上海世界书局出版。本书是中国早期文学史中较早对新文学和鲁迅有明确评价的学术著作。本书中对鲁迅的评价，很有可能是钱氏父子讨论的结果。

《现代中国文学史》中提到鲁迅时说："而周树人者，世所称鲁迅，周作人之兄也。论其文体，则以欧化国语为建设，……周树人以小说，徐志摩以诗，最为魁能冠伦以自名家。而树人小说，工为写实，每于琐细见精神，读之者哭笑不得。……幽默大师林语堂因时崛起，倡幽默文学以为天下号；其为文章，微言讽刺，以嬉笑代怒骂，出刊物，号曰《论语》；而周树人、徐志摩、郭沫若、郁达夫之流，胥有作焉。……树人《阿Q正传》，译遍数国，有法、俄、英及世界语本。《呐喊》《彷徨》，弥见苦斗。张若谷访郁达夫于创造社，叹其月入之薄，告知'鲁迅年可坐得版税万金'以为盛事。语堂方张'小品'，鲁迅则视为有'危机'，谓：'在风沙扑面，虎狼成群之时，谁还有闲功夫，

---

① 《新月》杂志。上海书店影印本，1985：第4卷第4期第14页。

玩琥珀扇坠,翡翠戒指,即要阅目,当有大建筑,坚固而伟大,用不着雅。'"①

钱基博对周作人的评价是:"阿英有现代十六家小品之选。自作人迄语堂,附以小序,详其流变;吾读之而有感,喟然曰:此岂'今文观止'之流乎?作人闭户读书,谈草木虫鱼,有'田园诗人'之目。然流连厂甸,精选古版,未知与'短褐穿结,箪瓢屡空'之渊明何如?苦茶庵中又不知有否'田父野老'之往还也?"②

请特别注意这一段对周作人的评价:"语堂又本周作人《新文学源流》,取袁中郎'性灵'之说,名曰'言志派'。呜呼,斯文一脉,本无二致;无端妄谈,误尽苍生!十数年来,始之非圣反古以为新,继之欧化国语以为新,今则又学古以为新。人情喜新,亦复好古,十年非久,如是循环,知与不知,俱为此'时代洪流'疾卷以去,空余戏狎忏悔之词也。"③

本段行文及意思与钱锺书在《新月》杂志上评价周作人的观点完

---

① 钱基博.《现代中国文学史》.岳麓书社,1986:504、505、506。
② 钱基博.《现代中国文学史》.岳麓书社,1986:505。
③ 钱基博.《现代中国文学史》.岳麓书社,1986:506。

全相同。此点可说明钱氏父子的文学观非常接近,是父影响子还是子影响父可以再作讨论,但这个事实提醒研究者注意,钱锺书文学观念的形成和来源,很有可能与他父亲有较大关系。如果确定了这一事实,对理解钱锺书很有帮助。

鲁迅很可能没有读到过钱基博的这本书,他只是在1934年出版杂文集《准风月谈》的后记中剪贴了一篇《大晚报》上署名为"戚施"所做的《钱基博之论鲁迅》。本文对此书涉及鲁迅的内容有这样的介绍:"钱氏之言曰,有摹仿欧文而谥之曰欧化的国语文学者,始倡于浙江周树人之译西洋小说,以顺文直译为尚,斥意译之不忠实,而摹欧文以国语,比鹦鹉之学舌,托于象胥,斯为作俑。……钱先生又曰,自胡适之创白话文学也,所持以号召天下者,曰平民文学也!非贵族文学也。一时景附以有大名者,周树人以小说著。树人颓废,不适于奋斗。树人所著,只有过去回忆,而不知建设将来,只见小己愤慨,而不图福利民众,若而人者,彼其心目,何尝有民众耶!钱先生因此断之曰,周树人徐志摩为新文艺之右倾者。"[①]

鲁迅对此文发出这样的感慨:"这篇大文,除用戚施先生的话,赞为'独具只眼'之外,是不能有第二句的。真'评'得连我自己也

---

① 《鲁迅全集》。人民文学出版社,1987:第5卷第407、408页。

不想再说什么话，'颓废'了。然而我觉得它很有趣，所以特别的保存起来，也是以备'鲁迅论'之一格。"

不过依然需要注意的是，钱锺书在《容安馆札记》第84则中，对于鲁迅主张直译的观点，依然和他父亲钱基博持同一立场。[①] 这更说明钱锺书的文学观和钱基博何其一致，甚至我们不妨再大胆假设一下，钱基博《现代中国小说史》中对新文学及其作家的评价，很有可能就来自于钱锺书，因为钱锺书早年曾为他父亲代笔给钱穆的《国学概论》写过序言，所以这种假设并不是没有一点道理。1979年钱锺书访问日本，在京都的一次座谈会上，有人问他如何评价他父亲的《现代中国文学史》，钱锺书谨慎地说，他们父子关系的好，是感情方面的良好；父亲对自己文学上的意见，是并不常常赞同的。不过，父亲的许多优点之一是开明、宽容，从不干涉自己的发展。至于《现代中国文学史》，有许多掌故，是一本很有趣味的书；而现代方式的文学批评成分似乎少了一点。[②] 钱锺书提到的"有许多掌故"是一个机智的回答，其中有可能包括了他们当时对中国新文学和周氏兄弟的评价。

---

① 参阅范旭仑。《容安馆品藻录·鲁迅》。2005：第3期《万象》杂志。
② 范旭仑、牟晓明编。《记钱锺书先生》。大连出版社，1995：222。

钱锺书对鲁迅的看法的由来，还有一个可能是他与杨绛的婚姻。钱、杨相识恰好也在1932年前后，在著名的"女师大风潮"中，被鲁迅讥讽为"上海洋场上恶虔婆"的女师大校长杨荫榆，是杨绛的三姑。杨绛晚年写了《回忆我的姑母》，在文章中也一字没有提及鲁迅，只说了一句："1924年，她做了北京女子师范大学的校长，从此打落下水，成了一条'落水狗'。"① 这种行文的风格极似钱锺书，无言的深意在熟悉的文坛话语中尽现，提到了"落水狗"，还有想不到鲁迅的吗？但就是不提这个名字。

三

钱锺书在小说《猫》中明显讽刺了周作人。一般认为，《猫》中的陆伯麟这个人物源自周作人，虽然小说人物是虚构的，但虚构人物有生活来源也是事实。这个陆伯麟，钱锺书在小说中描写他"就是那个留一小撮日本胡子的老头……除掉向日葵以外，天下怕没有象他那样亲日的人或东西。……中国文物不带盆景、俳句、茶道的气息的，都给他骂得一文不值。他主张作人作文都该有风趣。"②

---

① 杨绛。《将饮茶》。三联书店，1987：82。
② 《人·兽·鬼 写在人生边上》。海峡文艺出版社，1992：33、34。

钱锺书在这里叙述时用了一个"作人作文",其实已暗示了这位小说人物的来历。至于这位陆伯麟的言论,在钱锺书笔下,就更让人往周作人身上去想了。陆伯麟说:"这些话都不必谈。反正中国争不来气,要依赖旁人。跟日本妥协,受英美保护,不过是半斤八两。我就不明白这里面有什么不同。要说是国耻,两者都是国耻。日本人诚然来意不善,英美人何尝存着好心。我倒宁可倾向日本,多少还是同种,文化上也不少相同之点。我知道我说这句话要挨人臭骂的。"钱锺书还借书中一位人物陈侠君之口对陆伯麟作了这样的评价:"这地道是'日本通'的话。平时的日本通,到战事发生,好些该把名称倒过来,变成'通日本'。"钱锺书还说这位陆伯麟"是沪杭宁铁路线上的土著,他的故乡叫不响;只有旁人背后借他的籍贯来骂他,来解释或原谅他的习性。"①

钱锺书写《猫》是在1946年,当时绍兴确实在杭甬铁路线上。"某籍某系"是著名的"闲话事件"中陈原的说法,主要指当时北大国文系中的浙籍"太炎门生"(如马幼渔、马叔平兄弟,周树人、周作人兄弟,沈尹默、沈兼士兄弟,钱玄同、刘半农等),这早已为人们所熟悉,由此判断为钱锺书对周作人的讽刺,完全有史实依据。

---

① 《人·兽·鬼 写在人生边上》。海峡文艺出版社,1992:49。

1956年中国科学院文学所讨论何其芳的《论阿Q》,由于何其芳没有过分用阶级观点来分析鲁迅笔下的小说人物性格,曾受到了许多人的反对,但钱锺书却赞成何其芳的观点。他指出,阿Q精神在古今中外的某些文学作品中都能找到。钱锺书以《夸大的兵》《女店东》《儒林外史》等作品中的人物和宋、金史实来证明自己的论断,杨绛也和钱锺书持同样的看法。① 钱锺书的这个认识,其实是不赞成把阿Q精神看成原创的人物性格,这也反映钱锺书对鲁迅的理解和评价。

夏志清在《中国现代小说史》中讲述钱锺书的小说《灵感》时提到:"主人公是个声名太响而简称作家的笨蛋,在竞争亟欲柒指的诺贝尔文学奖金失败后突然生病。他卧病在床,心中气愤难遣;病榻前围满一群泪汪汪的崇拜者。(这使人记起垂危的鲁迅所得到的景仰,但这位作家较似蒋光慈、曹禺和早期的巴金混合体)。"②

水晶在《侍钱"抛书"杂记——两晤钱锺书先生》中记述了1979年钱锺书访问美国时,他向钱锺书提出的一个问题:当时他们忽然发现,忘了问他关于鲁迅的观感,便连忙把这个问题提出来。钱锺书回

---

① 爱默。《钱锺书传稿》。百花文艺出版社,1992:233。
② 夏志清。《中国现代小说史》。刘绍铭等译。中文大学出版社,2005:376。

答:"鲁迅的短篇小说写得非常好,但是他只适宜写 Short-winded '短气'的篇章,不适宜写'长气'Long-winded 的,像是阿 Q 便显得太长了,应当加以修剪 Curtailed 才好。"①

赵瑞蕻曾回忆说,1983年6月,他在天津南开大学开会时,赠给钱锺书自己的一本书《鲁迅〈摩罗诗力说〉注释、今译、解说》,并请钱锺书指正。赵瑞蕻说:"钱先生说他已大体上看了我送给他的书,说很不错,对年轻人读懂鲁迅这篇东西很有帮助。他同意我关于鲁迅与中国现代比较文学研究这一课题的论述。"②

1986年10月9日,北京召开"鲁迅与中外文化国际学术讨论会",钱锺书作为中国社会科学院副院长致开幕词:"鲁迅是个伟人,人物愈伟大,可供观察的方面就愈多,'中外文化'是个大题目,题目愈大,可发生的问题的范围就愈广。中外一堂,各个角度、各种观点的意见都可以畅言无忌,不必曲意求同。"据说钱锺书的开幕辞"换来的只是一片沉默的抵制,因为他说伟大人物是不须赞美的。"③ 由此也可以

---

① 《文化昆仑——钱锺书其人其文》。第244页。
② 《文化昆仑——钱锺书其人其文》。第244页。
③ 李洪岩。《智者的心路历程——钱锺书的生平与学术》。河北教育出版社,1995:520。

从一个侧面判断钱锺书对鲁迅的态度。

在中国现代文学史上,钱锺书是一个特殊的作家,他的特殊性主要表现在他对同时代的中国知识分子似乎极少正面评价,他是文学评论家,但他几乎从没有正面评价过他同时代的任何一个作家,他在学生时代评价过同学曹葆华的诗歌,但也是否定为主。钱锺书的这种个性和风格,在他同时代的知识分子是很少见的。我们通过他的文学作品或者学术文字中的线索,来判断他的思路和风格,可以为研究钱锺书打开另外的思考天地。

钱锺书是一个善于用讽刺手法的作家,在他所有的文字中,这是最明显的风格,但作为小说家,钱锺书的想象力并不超群,他凭空虚构故事的能力,从他已有的小说创作来判断,也有较大局限。他的小说一般都有故事来源,有些甚至能让读者产生与真实生活对应的感觉。所以钱锺书凡出小说集,都要强调他的故事是虚构的,不要对号入座,这其实是钱锺书对自己小说虚构力的不自信。

出版《人·兽·鬼》的时候,钱锺书在前言中说:"节省人工的方法愈来愈进步,往往有人甘心承认是小说或剧本中角色的原身,借以不费事地自登广告。为防免这种冒名顶替,我特此照例声明,书里的人物情事都是凭空臆造的。不但人是安分守法的良民，兽是驯服的家畜，而且鬼也并非没管束的野鬼；他们都只在本书范围里生活，决不越规溜出书外。假如谁要顶认自己是这本集子里的人、兽或鬼，这等于说我幻想虚构的书中角色，竟会走出了书，别具血肉、心灵和生命，变成了他，在现实里自由活动。从黄土抟人以来，怕没有这样创造的奇迹。我不敢梦想我的艺术会那么成功，惟有事先否认，并且敬谢他抬举我的好意。"

到了《围城》出版的时候，他又在序言中强调"角色当然是虚构的，但是有考据癖的人也当然不肯错过索隐的机会、放弃附会的权利的。"

杨绛在《关于小说》中表达过一个意思："真人真事的价值，全凭作者怎样取用。小说家没有经验，无从创造。"①

---

① 杨绛。《关于小说》。三联书店，1986：9。

钱锺书和他的两位前辈

(两则讲课笔记)

一、陈寅恪

我们谈论钱锺书和陈寅恪的关系,先要从钱锺书和陈寅恪的父亲陈散原说起。

钱锺书一生最爱好的是中国旧体诗,他在这方面的修养,达到了相当高的程度,特别是他对宋诗的熟悉和见解,可以说代表了这方面研究的最高水平。陈散原是清末民初最著名的诗人,是"同光体"诗派的代表性人物。他的诗集名字叫《散原精舍诗集》。

"同光体"是中国近代诗派之一。同光指清代同治、光绪两个年号。光绪九年（1883）至十二年间，郑孝胥、陈衍开始标榜此诗派之名，指"同、光以来诗人不墨守盛唐者"。开派诗人还有沈曾植、陈三立。

"同光体"诗分闽派、赣派、浙派三大支。三派都学宋，而宗尚也有不同。"同光体"诗人的诗，早期还有些主张变法图强、反对外国侵略的内容，而后期较多的则是写个人身世、山水咏物。清亡以后，大都表现复辟思想。"同光体"所以能在清末盛行，原因是清代神韵、性灵、格调等诗派，到道光（1821~1851）以后，已经式微，"同光体"的关键人物是陈衍。民国初年，"同光体"的诗风又影响了南社，这个诗派至1937年告终结。

因为"同光体"诗派主要是宗宋诗，钱锺书自然会对这个诗派的创作非常留意。关于这方面的情况，钱锺书晚年公布了他和陈衍在1938年的一次谈话，名叫《石语》，诸位可以找来一读。钱锺书的父亲钱基博曾和陈散原有过一些交往。

《围城》里有一个情节，在苏文纨家，诗人董斜川和方鸿渐、苏小姐谈到近代的诗人。方鸿渐说董斜川的国文老师叫不响，不像罗素、陈散原这些名字,像一支上等的哈瓦那雪茄,可挂在口边卖弄。这是《围城》中第一次提到陈寅恪的父亲。

苏小姐道:"我也是个普通留学生,就不知道近代的旧诗谁算顶好。董先生讲点给我们听听。"

"当然是陈散原第一。这五六百念年来,算他最高。我常说唐以后的大诗人可以把地理名字来概括,叫'陵谷山原'。三陵:杜少陵,王广陵——知道这个人么?——梅宛陵;二谷:李昌谷,黄山谷;四山:李义山,王半山,陈后山,元遗山;可是只有一原,陈散原。"说时,翘着左手大拇指。鸿渐懦怯地问道:"不能添个'坡'字么?"

"苏东坡,他差一点。"①

三陵:杜少陵:杜甫。王广陵:王令。梅宛陵:梅尧臣。二谷:李昌谷:李贺。黄山谷:黄庭坚。四山:王半山:王安石。李义山:李商隐。陈后山:陈师道。元遗山:元好问。一原:陈散原。然后引了好多诗,钱锺书特别提了一句:方鸿渐"没读过《散原精舍诗》,还竭力思索这些字句的来源。"钱锺书在《围城》中的这个情节,对

---

① 《围城》。人民文学出版社,1991:97、98。

于我们理解他和陈寅恪的关系有帮助，或者说理解钱、陈两家的关系都有帮助。至于这个情节的意味是正面肯定，还是略带讥讽，可以见仁见智。钱基博《现代中国文学史》讲"宋诗"部分，第一个就是陈散原，对他的评价极高，并同时认为他的三个儿子都能诗，但在儿子辈中只讲了陈衡恪、陈方恪的诗，没有讲陈寅恪的诗，但从他的判断中，可以知道，他对陈寅恪还是了解的。钱锺书对他父亲的这本书极熟悉，有好多观点也相同，这可以理解为是钱锺书较早对陈寅恪的认识和评价。

钱锺书是清华毕业，在他进校前，陈寅恪曾是清华国学院著名的四大导师之一，但他们在清华好像没有联系。到了1938年后的西南联大，钱锺书和陈寅恪有一段时间也同在一处教书，但也没有见到有他们往来的史料记载。

我们现在还没有见到过钱锺书和陈寅恪的直接交往记录。这些年关于钱锺书的交游，已经考证得很细致，但我还没有见到这方面的直接史料。所以大体可以判断为钱锺书没有正面直接和陈寅恪交往过。

据说陈寅恪完成《元白诗笺证稿》后，曾寄给过钱锺书一本。可

见他对钱锺书是认可的。郑朝宗《但开风气不为师》一文,开首即提到吴宓的一个看法:

已经是将近半个世纪以前的事了。一天,吴宓教授和几位青年学生在清华园的藤影荷声馆里促膝谈心,兴趣正浓,吴先生忽发感慨说:"自古人才难得,出类拔萃、卓尔不群的人才尤其不易得。当今文史方面的杰出人才,在老一辈中要推陈寅恪先生,在年轻一辈中要推钱锺书,他们都是人中之龙,其余如你我,不过尔尔!"吴先生的可敬之处就在胸怀磊落,从不以名学者自居,这回竟屈尊到把自己和二十几岁的大学生等量齐观,实在是出人意料之外的。那时陈寅恪先生正在中年,以其博学卓识,不仅在清华一校,而且在国内外学术界早已声名籍籍;钱锺书虽已毕业离校,但也只有二十三四岁,读书之多,才力之雄,给全校文科师生留下了极深的印象,甚至被誉为有学生以来所仅见。光阴如逝水,一转眼就是五十年,如今陈、吴二先生已归道山,钱先生虽健在,但也年逾古稀,皤然一叟,无复当年玉树临风的模样了。

钱锺书在西南联大的时候,曾和一些同事有矛盾,其中帮助他的就是吴宓和冯友兰,在钱锺书的去留问题上,吴宓曾与陈寅恪谈过,陈寅恪的意思是此事不能强求。这方面的史料,我在上次讲钱锺书和冯友兰的关系时，曾抄过吴宓的日记，这里就不多说了。

现在一般认为，钱锺书对陈寅恪的评价不高，主要是依据这样一则史料：

1978年，钱锺书在意大利的一次学术会议上曾批评过陈寅恪。这篇文章的题目是《古典文学研究在现代中国》。这篇文章先是在海外发表的，收在《钱锺书研究》第2辑上，诸位可找来一读。钱锺书那段话是这样的：

解放前有位大学者在讨论白居易《长恨歌》时，花费博学与细心来解答"杨贵妃入宫时是否处女？"的问题——一个比"济慈喝什么稀饭？""普希金抽不抽烟"等西方研究的话柄更无谓的问题。今天很难设想这一类问题的解答再会被认为是严肃的文学研究。①

陈寅恪在西南联大讲过"杨玉环入宫前是否处女的问题"，《元白诗笺证稿》第一章《长恨歌》笺证中，也详细讨论了这个问题。牟润孙曾指出，这个问题并不是陈寅恪先提出来的，而是清人朱彝尊、杭世骏、章学诚讨论过的一个老问题。它关系到杨玉环是否先嫁过李隆

---

① 《钱锺书研究》。第2辑第6页。

基的儿子李瑁，然后李隆基是通过什么手段得到了她。这一完全不合中国伦理道德的问题，其实关涉到李唐王室的血统、习俗，以及唐代社会习俗里华夷之辨的问题。也就是《朱子语类》中说的"唐源流于夷狄，故闺门失礼之事不以为异"。余英时在陈寅恪去世后所写的回忆文章《我所认识的陈寅恪》一文中，也认为陈寅恪的考证是有道理的，不能认为是琐细的、不重要的、无价值的。

钱锺书这里批评陈寅恪，其实涉及到了一个中国文学批评和历史研究中的重要方法问题，就是人们经常提到的"以诗证史""诗史互证"。关于这个问题，有两篇文章，诸位如果有兴趣可以找来看一下。

一篇是胡晓明的《陈寅恪与钱锺书：一个隐含的诗学范式之争》，[①] 网上也可以找到。

另外一篇就是李洪岩的《钱锺书与近代学人》中有一篇专门讲钱锺书和陈寅恪比较的，主要谈了这个问题。对这个问题，他们都讲得相当专业。我个人只做一点通俗理解。

一是"以诗证史"，要看"诗"的具体情况和"史"的具体情况，

[①] 《上海社会科学季刊》。1997：第2期。

不能简单理解。在没有其他相关史料支持的情况下,"以诗证史"不能不说是一种方法。

二是诗虽然主要是艺术品,是以虚构和想象为主要特征的,它在"证史"的过程中,主要还是强调一种超越直接史料的想象力,只有时间、空间和具体社会情况能合为一体,在这个前提下利用"史"来证"史"是一种高级的联想方式,对研究历史很有帮助。但这种方法,非在对研究的相关历史精熟和对相关史料完全了解的情况下,一般不好使用。

我个人理解,钱锺书并不是完全否定这种方法,而是不赞成陈寅恪把这种方法较多地用来理解诗歌,特别是不赞成用诗来坐实历史的做法。后来钱锺书在《管锥编》《宋诗选注序》等文章中,多有批评这种方法的文字,虽然没有直接点出陈寅恪,但明眼人可以看出是说的什么事情,也能看出是指向何人。到杨绛出版《关于小说》的时候,书的第一篇文章《事实——故事——真实》中也不赞成陈寅恪的看法,杨绛在正文中没有提到陈寅恪的名字,但在注释中多次提到了陈寅恪和《元白诗笺证稿》,杨绛的看法,大体也就是钱锺书的观点。

至于坊间流传钱锺书看不起陈寅恪的说法,也只是传闻。汤晏在他的《一代才子钱锺书》中用了一则新史料。他说1980年，陈寅恪弟子蒋天枢整理先师遗稿时，曾求助于钱锺书。钱锺书和夏志清通信时曾提及此事。"我正受人恳托，审看一部《陈寅恪先生编年纪事》稿，材料甚富，而文字纠绕冗长，作者系七十八岁的老教授（陈氏学生），爱敬师门之心甚真挚，我推辞不提，只好为他修改。"①

汤晏同时提到杨绛的看法："锺书并不赞成陈寅恪的某些考证，但对陈的旧诗则大有兴趣，曾费去不少时间精神为陈残稿上的缺字思索填补。蒋天枢中风去世后，他这份心力恐怕是浪抛了。能说钱对陈颇有'微词'而看不起陈吗？我不能同意。"②

钱锺书和陈寅恪的关系，可以比较的地方很多，现在也有一些这方面的著作，但多数是在抽象的意义上比较，我今天讲他们两人的关系，是用史实来说明他们两人的关系，是一种事实比较。

最后说一点，在中国现代知识分子中，钱锺书和陈寅恪都是极有个性的人，对自己生活的时代也非常敏感。1949年以后，他们同时代的学者中，极少不和时代附和的，也很少有在历次政治运动中一言不

---

① 《一代才子钱锺书》。第322页。
② 《一代才子钱锺书》。第322页。

发的，而钱锺书和陈寅恪在这一点上倒是暗合，是比较好地保持了独立知识分子品质的。至少我们现在还没有看到过他们公开发表批判别人的文章，在1949年后，能做到这一点是非常不容易的，保持内心的独立和人格的完整是这两个知识分子共同的地方，至于相互间有什么看法并不重要。

钱锺书比陈寅恪小二十岁，已不是一代人了。钱锺书的专业是文学，而陈寅恪的专业是历史。只是在涉及文学的交叉领域，他们才产生学术上的比较问题。

二、冯友兰

钱锺书与冯友兰不是一代知识分子，钱锺书小冯友兰十五岁。在西南联大时期，作为长辈，冯友兰很欣赏钱锺书的才华，但从我们目前所能见到的史料判断，冯友兰和钱锺书没有什么直接的交往。冯友兰对钱锺书的赏识，只是作为前辈和学校负责人对青年的关心，这些钱锺书本人未必全部知晓。但事实是钱锺书从法国回来能到西南联大教书，确实是得到了冯友兰的帮助，至少是冯友兰的认可。1990年冯先生去世后一天，台湾记者季季女士打来长途电话，问钱锺书对冯友兰的学问有何看法。钱答："冯先生是我的恩师。但是我们对学问的看法不同。"

钱锺书1937年从牛津毕业后,又去法国巴黎大学做研究,本想攻读博士学位,但后来放弃了。1938年,他将要回国时,许多地方想聘他,最后还是他的母校清华大学占了上风。当时竭力促成钱锺书回清华任教的是西南联大文学院院长冯友兰。

黄延复在《钱锺书在清华》一文中抄出当时冯友兰给梅贻琦的一封信,信中说:"钱锺书来一航空信。言可到清华但其于9月半方能离法,又须先到上海,故要求准其于年底来校。经与公超、福田商酌,拟请其于11月底或下学年第二学期来。弟前嘱其开在国外学历,此航空信说已有一信来,但尚未接到。弟意或可即将聘书寄去。因现别处约钱者有外交部、中山文化馆之《天下月刊》及上海西童公学,我方须将待遇条件先确定说。弟意名义可与教授,月薪三百,不知近聘王竹溪、华罗庚条件如何?钱之待遇不减于此二人方好"。[①]

蔡仲德编《冯友兰先生年谱初编》也记载了此事:"致函梅贻琦,说明已商妥请钱锺书任清华大学外国语文系教授"。

---

① 《清华校友通讯》。第18期193页。

当时请钱锺书来西南联大教书的除了冯友兰之外，还有钱锺书过去的老师吴宓。钱锺书在西南联大的经历不很愉快，他后来在小说《围城》中描写的人物、事件以及他的评价，与他在西南联大的经历是有关系的。

钱锺书在西南联大只呆了半年就离开了。1939年暑假，他去上海探亲，当时他父亲钱基博已在湖南蓝田国立师范学院任教，想让钱锺书也往蓝田师范，一面任教，一面照顾自己。当时蓝田师范院院长廖茂如还亲往沪上劝驾，这才有钱锺书舍联大而取蓝田师院的选择。

关于钱锺书为什么离开西南联大，现在有许多说法。其中有代表性说法是钱锺书在联大骂遍了人，呆不下去了。如他曾说过："西南联大的外文系根本不行；叶公超太懒，吴宓太笨，陈福田太俗。"[①]

这些都是传闻，姑妄听之。但钱锺书离开西南联大，确实有他的苦衷。钱锺书离开联大，属不辞而别，这在当时于情于理都是说不过去的。但梅贻琦爱才心切、并未计较，仍驰电挽留，这使钱锺书十分惭愧。他曾为此给梅贻琦写信道歉，说自己"竟成为德不卒之小人哉"。给梅贻琦写信时，钱锺书还给当时联大的秘书长沈履一信，信中说到

---

① 爱默。《钱锺书传稿》。

自己不辞而别时有这样的话:"不才此次之去滇,实为一有始无终之小人,此中隐情不堪为外人道。"①

可见钱锺书离开西南联大,确实有人事方面的原因。吴学昭在《吴宓与陈寅恪》中抄了吴宓当年的日记。其中说:"父亲与寅恪伯父都认为钱锺书'人才难得'。1939年秋,钱辞职别就,父亲读了李赋宁君所记钱锺书的Contemporary Novel Renaissance Literature等讲义甚为佩服,而更加惋惜君之改就师范学院之教职。1940年春,父亲因清华外文系主任陈福田先生不聘钱锺书,愤愤不平,斥为'皆妄妇之道也'。他奔走呼吁,不得其果,更为慨然,'终憾人之度量不广,各存学校之町畦,不重人才'。又怨公超、福田先生进言于梅校长,对钱等不满。"

据《吴宓日记》记载,他曾和陈寅恪说到此事,陈的意见是"不可强合,合反不如离"。1940年11月4日,陈福田请吴宓吃饭,席间吴宓提议请钱锺书回联大任教,"忌之者明示反对,但卒通过。父亲与寅恪伯父稍感宽慰,但钱君已不复返回"。如果说钱锺书说西南联大外文系的话确有其事,那他真正得罪了的恐怕是叶公超和陈福田。吴宓也是挨骂的,但吴没把钱的话当回事,仍力主他回联大教书。

---

① 《清华校友通讯》。第18期。

后来还曾推荐钱锺书到浙江大学外文系任主任,他去做教授。钱锺书在联大教书不到30岁,正是年盛的时候,他才华过人,又生性刻薄,难免出语伤人,在西南联大呆不下去也是极自然的。好在当时的教授是自由流动的,此处不留自有留处,并没能压制了钱先生的才华和个性。

《吴宓日记》出版之前的1993年春,吴学昭把日记中有关钱锺书的文字摘抄出来,送给钱本人过目,并请钱锺书为《吴宓日记》作序。钱锺书完全没有想到吴宓在日记中对自己如此痛心疾首。他在1993年3月18日应邀给日记整理者写了一封信。后来,吴学昭就把这信影印在《吴宓日记》的头一册上。

《吴宓日记》中关于钱锺书的记载:

1937年3月30日:下午,接钱锺书君自牛津来三函,又其所撰文一篇,题曰 Mr. Wu Mi & His Poetry,系为温源宁所编辑之英文《天下》月刊而作。乃先寄宓一阅,以免宓责怨,故来函要挟宓以速将全文寄温刊登,勿改一字。如不愿该文公布,则当寄还钱君,留藏百年后质诸世人云云。至该文内容,对宓备致讥诋,极尖酸刻薄之致,而又引经据典,自诩渊博。其前半略同温源宁昔年 China Critic 一文,谓宓生性浪漫，而中白璧德师人文道德学说之毒，致束缚拘牵，左右不知所可云云。按此言宓最恨；盖宓服膺白璧德师，甚至以为白师乃今世之苏格拉底、孔子、耶稣、释迦。我得遇白师，受其教诲，既于精神资所感发，复于学术窥其全真，此乃吾生最幸之遭遇。虽谓宓今略具价值，悉由白师赐予者可以。尝诵耶稣训别门徒之言，谓汝等从吾之教，入世传道，必受世人之凌践荼毒，备罹惨痛。但当勇往直前，坚信不渝云云。白师生前，已身受世人之讥侮。宓从白师受学之日，已极为愤悒，而私心自誓，必当以耶稣所望门于门徒者，躬行于吾身，以报本师，以殉真道。所患者，宓近今力守沉默，而温、钱诸人一再传播其谰言，宓未与之辩解，则世人或将认为宓赞同其所议论，如简又文所云："知我者源宁也"之诬指之态度，此宓所最痛心者也。该文后部，则讥诋宓爱彦之往事，指彦为 super—annuated Coquette，而宓为中年无行之文士，以著其可鄙可笑之情形。不知宓之爱彦，纯由发于至诚而合乎道德之真情，以云浪漫；犹嫌隔靴搔痒。呜呼，宓为爱彦，费尽心力，受尽痛苦，结果名实两伤，不但毫无享受，而至今犹为人讥诋若此。除上帝外，世人孰能知我？彼旧派以纳妾嫖妓为恋爱。新派以斗智占对方便宜为恋爱者，焉能知宓之用心，又焉能信宓之行事哉？……

又按钱锺书君,功成名就,得意欢乐,而如此对宓,犹复谬托恭敬,自称赞扬宓之优点,使宓尤深痛愤。乃即以原件悉寄温刊登,又复钱君短函(来函云候复),告以稿已照寄。……四至五时,贺麟来上课。宓送之上汽车入城,告以钱所撰文。麟谓钱未为知宓,但亦言之有理云云。宓滋不怿。世中更无一人能慰藉、愿慰藉我也。①

1937年4月11日:日昨接温源宁寄回宓三月三十日所寄去之钱锺书撰《论吴宓之诗》一文。附函,谓本月前钱君曾致温君一函,中论宓诗,命刊登《天下》,业已登入。今此文更详,碍难重登。应由钱君负其责也云云。宓即又以原稿并温函,寄回牛津钱君收,以了此公案云。②

1937年6月28日:文学院院长冯友兰来……拟将来聘钱锺书为外国语文系主任云云。宓窃思王退陈升,对宓个人尚无大害,惟钱之来,则不啻为胡适派、即新月新文学派,在清华,占取外国语文系。结果宓必遭排斥!此则可痛可忧之甚者。③

---

① 《吴宓日记》。第六册第96、97页。
② 《吴宓日记》。第六册第107页。
③ 《吴宓日记》。第六册第157页。

1939年3月30日：访沈从文、适邀友茶叙，客有萧乾、冯至、钱锺书、顾宪良、傅雷等。①

1939年4月1日：6:30至该宅楼上柳无忌夫妇请客。客为梁宗岱及其夫人陈英（沉樱），女名梁思薇。并均、超、锺书等。9:30散，陪超、锺书散步湖月下。②

1939年7月2日：先访钱锺书于文化巷十一号寓所，谈次，乃知敬、芳改约宓及滕固等，于今日正午，宴于金碧。……乃对钱锺书加重述心一方面宓之冤苦。不意明晚滕君宴席中，锺书竟以此对众述说，以为谈柄！10:30偕锺书步至玉龙堆四号敬、芳寓宅，更偕敬、芳不至金碧。③

1939年9月21日：接公超片约，即至其宅。悉因钱锺书辞职别就，并谈商系中他事。④

1940年3月11日：与F·T等同步归。F·T拟聘张骏祥，而殊不

---

① 《吴宓日记》。第七册第14页。
② 《吴宓日记》。第七册第15页。
③ 《吴宓日记》。第七册第22页。
④ 《吴宓日记》。第七册第74页。

喜钱锺书。皆妾妇之道也，为之感伤。①

1940年4月28日：晚，作长函致钱锺书。荐殷炎麟为国立湖南师院英文讲师。并复函殷炎麟告之。②

1940年9月12日：晨，复钱锺书函。告以已荐为浙大外文系主任，宓则往为教授。③……访冯友兰文学院长于小东城脚16号寓宅。细陈欲往浙大等情。冯谓清华外文系应聘钱锺书归而主持。今F·T为主任，非经"革命"实无整顿办法。浙大阵容较整齐，故宓宜往。一年后回清华任职，毫无问题。④

1940年9月14号：访冯友兰。议聘钱锺书回清华事。决今年不举动。⑤

钱锺书评论冯友兰及杨绛和宗璞的冲突：

---

① 《吴宓日记》。第七册第140页。
② 《吴宓日记》。第七册第161页。
③ 《吴宓日记》。第七册第227页。
④ 《吴宓日记》。第七册第228页。
⑤ 《吴宓日记》。第七册第229页。

1979年4月16日至5月16日，钱锺书随中国社会科学院代表团到美国参观访问。5月初，代表团一行十人来到旧金山斯坦福大学，钱锺书应邀在该校亚洲语文系作演讲，但他表示不愿意作正式的学术报告，只希望以非正式的座谈方式交换一下意见。于是就在该系的休息室里举办了一个座谈会。参加座谈会的有刘若愚教授、庄因教授，以及该校其他各系的教授和研究生，座谈会大约进行了一个半小时。一个月之后，也就是1979年6月初，台湾《联合报》的副刊编辑丘彦明，自台北给在旧金山的庄因教授打电话，请庄因谈谈对钱锺书美国之行的印象。于是便有了庄因口述、丘彦明记录的《钱锺书印象》一文，发表在6月5日的《联合报》副刊上。文章说：

那天提问题的人很多，气氛可说相当热烈，钱锺书也表现出很愿意答话的样子……座谈会中也提到了哲学家冯友兰，钱锺书把冯友兰骂了一大顿。他说，冯友兰简直没有文人的骨气，也没有一点知识分子的节操观念。又说，冯友兰最不应该的是出卖朋友，在座有人问冯友兰究竟出卖了哪些朋友，钱锺书却不愿指出姓名。

这篇口述的记录稿发表后，口述者庄因先生意犹未尽，"觉得还有一些值得补充之处"，又写了《关于〈钱锺书印象〉的补充》一文，发表在6月26日的《联合报》副刊。庄因的补记共有六条，其中与冯友兰先生有关的一条是：

冯友兰捏造事实，坑人使妻小俱死。冯现在在北大人人嗤之以鼻，人缘扫地。钱氏用英文说：Feng's name is now stinking in Peking University，情绪颇为激动。

庄因的文章1985年被影印收入台湾天一出版社出版的《钱锺书传记资料》第一辑。该资料在中国内地流传颇广，许多图书馆都有收藏。1995年11月，大连出版社出版了牟晓朋、范旭仑合编的《记钱锺书先生》一书，广收与钱锺书生平事迹相关的资料和文章，其中也包括庄文。此外，书中收入范明辉《杨绛〈钱锺书与围城〉笺证稿》，在考释钱、冯文字交往一节中，也摘录了庄因所记钱锺书说冯友兰的话。

宗璞的小说《南渡记》《东藏记》(副题"野葫芦引")，以抗战期间西南联大的生活为背景，小说中有一对留洋归来的青年教授尤甲仁、姚秋尔夫妇，家住"刻薄巷"，以刻薄冷漠、造谣生事著称。他们刚刚登场的时候："说话都有些口音，细听是天津味，两三句话便加一个英文字，发音特别清楚，似有些咬牙切齿，不时互相说几句英文"。有教授想试他们一试，询问《诗品》中"清奇"一章，话还没有说完，尤甲仁便将原文一字不漏地背诵出来。问到一处疑难，尤甲仁马上举出几家不同的看法,讲述得很清楚。这时,其妻姚秋尔面有得色。对方又问:"这几家的见解听说过,尤先生怎样看法?"尤甲仁微怔,说出来仍是清朝一位学者的看法。

写到这里,宗璞忍不住借书中另一个人物之口发表议论说:"读书太多,脑子就不是自己的了。这好像是叔本华的话,有些道理。"小说中还有好几处提及这对年轻的教授夫妇。"他们以刻薄人取乐,他们这样做时,只觉得自己异常聪明,凌驾于凡人之上,不免飘飘然,而毫不考虑对别人的伤害。若对方没有得到信息,还要设法传递过去。射猎必须打中活物才算痛快,只是闭门说说会令趣味大减。"

作者对这对夫妇的讽刺意味非常明显。小说中还写到,中文系安排尤甲仁演讲,他讲"莎士比亚和汤显祖",大段背诵莎剧和《牡丹亭》的片断。虽然内容丰富生动,却没有说出比较的是什么、思想上有什么同异、艺术上有什么差别。同学们听了,有人赞叹,有人茫然。

对中国现代学术史略有了解的人,一眼就可判断出这两个人物是在影射钱锺书、杨绛夫妇。小说中还有一处写夫妇两人互相吹捧,有些晚清小说的风味。"姚秋尔说:'甲仁在英国说英文,英国人听不出是外国人。有一次演讲,人山人海,窗子都挤破了。'而尤甲仁说:

'内人的文章刊登在《泰晤士报》上,火车上都有人拿着看。'看上去好像神仙眷属,夫唱妇和,好不让人羡慕。"宗璞和钱家矛盾的起源即因为钱锺书对冯友兰的评价。这也可以看成是钱锺书小说创作的一个经验,所以研究钱锺书的小说,使用一些索隐的方法并不是完全没有道理,很有可能这是理解钱锺书小说的一个基本视角。

钱锺书的科举观

我印象中,二十世纪九十年代前,中国社会一般观念中,极少赞美科举制度。一个经典的例子是由国文到语文教材中,《范进中举》始终是入选篇目,这不是偶然的,在相当大程度上体现了国人对科举制度的基本态度,这个影响至今也还在人们的普通观念中。二十世纪九十年代后,主要是在学术界,更多提到的则是科举制度的好处,而对它的坏处则很少议论了。

凡一种制度在稳定周期内长期存在,必是好处多于坏处,因为人类智慧一般是择善而从。1905年,科举为新教育制度取代,也说明这个制度本身的历史终结,表明这种制度的坏处多于好处了,这个大判断,一般不会因为小事实而改变。科举是在端方和张之洞手中废除的,而他们恰是科举中最成功的士人,他们看清了历史的大势。从隋唐创立科举制度到晚清废止,一千多年间,这个制度在不同的时期本身也在变革,但变到最后,依然逃不出终结的命运,这是时代使然,没有办法的事。

科举制度最为人称道的好处有两点,一是相对公正,为所有读书人提供了平等向上流动的制度保障;二是知识训练和道德养成合一的教育方式,让读书人的荣誉感真正成为一种内心需求。齐如山在《中国的科名》一书中曾讲过,明清两朝,进士出身的官员中,贪官污吏较少。唐代名相刘晏的著名判断是:"士陷赃贿则沦弃于时,名重于利,故士多清修;吏虽廉洁,终无显荣,利重于名,故吏多贪污。"宋代名相王曾对流内官与流外官的著名观察为:"士人入流,必顾廉耻;若流外,则畏谨者鲜。"

不管怎么说,科举废除后,一般的历史观察,还是认为这个选择顺应了历史潮流,如今想从科举中发现好处的用心可以理解,但想要挽回这个制度的心理则不免迂腐了。

钱锺书对科举制度的判断非常鲜明,以为荒唐处甚多,这并不意味着他不知道这个制度在不同时期、不同阶段里的好处，而是他更多看到了这个制度的坏处，钱锺书从不说科举的好话。他在《谈艺录》中，对学业与举业，多有议论，他的明确评价是："古代取士有功令，于是士之操术，判为两途。曰举业，进身之道也；曰学业，终身之事也。苟欲合而一之，以举业为终身之学业，陋儒是矣；或以学业为进身之举业，曲儒是矣。"①

1935年，钱锺书在苏州和陈石遗聊天，记为《石语》。陈石遗是举人出身，他说："科举之学，不知销却多少才人精力。今人谓学校起而旧学衰，直是胡说。老辈须中进士，方能专力经史学问，即令早达，亦已掷十数年光阴于无用。学校中英算格致，既较八股为有益，书本师友均视昔日为易得，故眼中英髦，骎骎突过老辈。当年如学海堂、诂经精舍等文集，今日学校高才所作，有过无不及。以老夫为例，弱冠橐笔漫游，作幕处馆，穷年累月，舍己耘人，惟至欲动笔时，心所疑难，不得不事翻检。然正以无师自通，亦免于今日学生讲义笔记耳学之弊焉。"②

钱锺书此处下一批语："所见先辈中，为此论者，惟丈一人，通

---

① 《谈艺录》。中华书局，第353页。
② 《石语》。中国社会科学出版社，第42页。

达可佩，惜学校中人未足当此也。"

钱锺书在《谈艺录》中还引徐震《照世杯》第一种《七松园弄假成真》的话："原来有意思的人才，再不肯留心举业……那知天公赋他的才分，宁有多少，若将一分才用在诗上，举业内便少了一分精神；若一分才用在画上，举业内便少了一分火候；若将一分才用在宾朋应酬上，举业内便少了一分工夫。所以才人终身博不得一第，都是这个病症。"①此段意思和陈石遗所见完全相同，足证钱锺书对科举的观念，他把这种观念带到了《围城》及他的一切文字中。

钱锺书对博士的看法，可以理解为是对科举的另外一种评价。他说方鸿渐到了欧洲："第四年春天，他看银行里只剩四百多镑，就计划夏天回国。方老先生也写信问他是否已得博士学位，何日东归。他回信大发议论，痛骂博士头衔的毫无实际。方老先生大不谓然，可是儿子大了，不敢再把父亲的尊严去威胁他；便信上说，自己深知道头衔无用决不勉强儿子，但周经理出钱不少，终得对他有个交待。过几天，方鸿渐又收到丈人的信，说什么：'贤婿才高学富，名满五洲，本不须以博士为夸耀。然令尊大人乃前清孝廉公，贤婿似宜举洋进士，庶几克绍箕裘，后来居上，愚亦与有荣焉。'方鸿渐受到两面夹攻，

---

① 《谈艺录》。中华书局，第355页。

才知道留学文凭的重要。这一张文凭仿佛有亚当、夏娃下身那片树叶的功用，可以遮羞包丑；小小一方纸，能把一个人的空疏、寡陋、愚笨都掩盖起来。"①

这是钱锺书间接的评价，还有更直接的。方鸿渐和唐小姐说："现在的留学跟前清的科举功名一样，我父亲常说，从前人不中进士，随你官做得多么大，总抱着终身遗憾。留了学也可以解脱这种自卑心理，并非为高深学问。出洋好比出痘子、出痧子，非出不可。小孩子出过痧痘，就可以安全长大，以后碰见这两种毛病，不怕传染。我们出过洋，也算了了一桩心愿，灵魂健全，见了博士硕士们这些微生虫，有抵抗力来自卫。痘出过了，我们就把出痘这一回事忘了；留过学的人也应说把留学这事忘了。像曹元朗那种念念不忘是留学生，到处挂着牛津剑桥的幌子，就像甘心出天花变成麻子，还得意自己的脸像好文章加了密圈呢。"②《谈艺录》中也引过《儒林外史》第十一回鲁小姐的话："自古及今，几曾见不会中进士的人可以叫作名士的。"

他在《宋诗选注》序言中对宋代科举制度的评价是："又宽又滥开放了作官的门路"，书中介绍文天祥早期的诗，认为大部分草率、

---

① 《围城》。人民文学出版社，第9页。
② 《围城》。人民文学出版社，第81页。

平庸，都是些相面、算命、卜卦的，顺便说到"比他早三年中状元的姚勉《雪坡舍人稿》里有同样的情形，大约那些人都要找状元来替他们做广告。"① 钱锺书提到科举、状元一类人事，向不以为然，似可见出他对科举制的基本判断。

---

① 《宋诗选注》。人民文学出版社，第311页。

《石语》笺证五则

一、王湘绮

《石语》是钱锺书1996年刊印的一篇早年谈话记录,内涉诸多近代文坛掌故,是一篇非常有趣的文字。钱锺书晚年公开此作(中国社会科学出版社),说明他很看重这篇谈话的价值。事后追记难免有个别记忆不确之处,但通观《石语》,可说语语有来历,事事有根据,足见钱锺书记性之好和读书之多之细。今人李洪岩、刘梦芙对此多有发覆,现再补充一则。

陈衍对王湘绮素所不喜,《石语》中对他多有微词。陈衍说:"钟嵘《诗品》乃湖外伪体之圣经,予作评议,所以捣钝贼之巢穴也,然亦以此为湘绮门下所骂。"钱锺书听后对答:"有沃丘仲子自称王氏弟子,作《当代名人传》,于丈甚多微词。又有杨晳子之弟杨钧,字重子,与兄同出王门,作《草堂之灵》,亦讥公不读唐诗。"陈衍笑说:"王学实少通材。"

钱锺书此处提到的沃丘仲子,是费行简的笔名。费行简早年有两本书很流行,一为《近代名人小传》,一为《当代名人小传》,即钱锺书提到的《当代名人传》,《石语》中漏写一"小"字。费心简这两本书,中国书店在1988年曾影印出版过,但《当代名人小传》所据版本易名为《现代名人小传》,有时让人产生误会,其实是同一本书。《当代名人小传》分为上下两卷,下卷中有"文人"一门,其中有陈衍。对他的评价是:"旧工为诗,专学宋贤,好为险刻,凡前人昌明博大之作,皆訾为肤熟,至谓有无难易,举不可作对,而所为诗,虽能独造,实锻炼未纯;兼治经学古文,谈经不泥恒解,间涉浅俚。由其未窥家法,古文陈义芜杂。综其所学,诗为最长,足俯仰乎半山小谷之间。"[1]《石语》中,钱锺书对陈衍所提沃丘仲子的看法,即源于这一段话。

---

[1] 沃丘仲子.《当代名人小传》.上海崇文书局,1926:165。

《石语》中提到的杨钧是杨度的弟弟,有《草堂之灵》一书印行,是一本笔记体著作,内涉文坛掌故甚多,可惜此书流传不广,1985年湖南岳麓书社重印过此书。杨钧在《论歌行》一节中指出,近有闽人选近代诗钞,湘绮之《回马岭柏树歌》《登泰山诗》《六朝松歌》《生日宴集衡城作望庐山诗》诸篇,均未入选。闽人即指陈衍。杨钧说:"所谓纱帽体者,则录之甚多。故选诗非易事,苟无高远之识,诚不可妄作主张。据近代诗钞之选本观之,其人之学识乃在宋元以后,隋唐以前之诗法,非其所知者也。偶询伯兄晳之:'选诗者是何人?'伯兄答曰:'一不读唐诗之人耳。'"[①]

《石语》中钱锺书对陈衍提到的"讥公不读唐诗",实为杨度对陈衍的评价。中国近代文人交往有其特点,朋友间相互评价,语近刻薄,但并不可完全当真。

---

① 《草堂之灵》。第30页。

二、叶长青

《石语》是钱锺书记录的和陈衍的一次私人谈话。私人谈话和公开评价不同。私人谈话较为随意，一般以否定性议论为特点，所谈多为人之短处，它有启发性，但我们也不能完全当真，私人谈话与公开评价对读，更有利于我们接近真实的历史人物。

1932年，钱锺书和陈衍谈话时，黄曾樾记录的《陈石遗先生谈艺录》已出版，陈衍自己应该意识到他和另外一个晚辈的谈话，也有公开的可能，所以他放言臧否时贤，相当程度上还是表现了自己的真实想法。虽然这些想法多数与他对时贤的公开评价不同，有些甚至是相反的，但这并不影响钱锺书这篇谈话的价值。文坛总还是要有些有趣的东西，文人间的相互评议，对理解旧时代文人的交往很有帮助，比如陈衍对叶长青的私人议论和公开评价，就是一个有趣的问题。

《石语》说："叶长青余所不喜，人尚聪明，而浮躁不切实。其先世数代皆短寿，长青惟有修相以延年耳。新撰《文心雕龙》《诗品》二注，多拾余牙慧。序中有斥梁任公语，亦余向来持论如此。"[①] 此段

[①] 《石语》。中国社会科学出版社，1996：43。

言论，如果不和陈衍别处对叶长青的看法对读，就有可能产生误解。

《石遗室诗话》中对叶长青的看法是："余初至厦门大学，可与言诗者惟叶生俊生（长青）、龚生达清。"①并详细介绍叶长青："字俊生，后改名长青，字长卿。在厦学余举充文字学教员。勌於著作，诗亦绝去俗尘，惟过求生涩"。陈衍在书中抄录叶长青诗甚多，虽有有所批评，但多数是正面评价。叶长青后来到金陵大学任教，陈衍书中也曾专门提及。《石遗室诗话续编》有一次谈到刘伯瀛的诗，陈衍也提到叶长青，他说："诗从门人叶长青传来，长青本从伯瀛游。"②

叶长青（1902~1942年）是福州人，早年曾任厦门大学助教，后做过长汀、永安县县长，著述甚多，最有名的就是《石语》中提到的"《文心雕龙》《诗品》二注"，具体书名是《钟嵘诗品集释》③《文心雕龙杂记》④。

---

① 张寅彭主编。《民国诗话丛编》。上海书店出版社，2002：第1册第404页。
② 张寅彭主编。《民国诗话丛编》。上海书店出版社，2002：第1册第548页。
③ 上海华通书局出版，1933年。
④ 福州职业中学印刷，1933年。

《钟嵘诗品集释》这本书,我没有见过,但从网上一篇关于本书的评述中了解到,叶长青在书中多次明言引述过陈衍《诗品评议》,所以从学术规则上说,责备叶长青的理由不充分。叶长青在该书《自序》中确有对梁启超一个看法的批评,并认为自己的观点"颇有学术启示意义",而这个见识也许来自陈衍而叶长青没有特别说明,所以陈衍和钱锺书谈话中才有那样的评价。

《文心雕龙杂记》,很容易见到,书名是福州刘孝祚题署。孝祚字莲舫,曾任福建盐运史。书有两序,第一篇即是陈衍所写,他说:"长青富著述,近又出视《文心雕龙杂记》,其所献替,虽使彦和复生,亦当俯首,纪河间以下毋论矣。读刘著者,可断言其必需乎此也。若例以彦和之藉重休文,则吾与长青有相长之谊,岂休文素昧生平比哉。"

此序颇有意味,用刘勰《文心雕龙》和沈约的关系作比,也委婉表达了叶长青此书曾受过自己的影响。

陈声暨、王真合编《石遗先生年谱》,首页特别标明"门人叶长青补定",谱中也时有叶长青补充的内容,声暨是陈衍哲嗣,王真为门人,如此署名,说明他们平时关系正常。《年谱》中记有"长青以家世不寿赖有垂白大母自颜所居为松柏长青馆。"①一语,叶长青也曾请陈衍为自己居处题诗,他们一起访名山胜景的记载,时常出在陈衍笔下,足证明他们关系密切。据《年谱》介绍,陈衍去世后,未刊遗稿尽为叶长青取去。福州林公武在《夜趣斋读书录》中,专门介绍叶长青《闽方言考》一书,据知此书也有陈衍序言,评为"博采见闻,可以补余所未载者尚多"。②

《石语》说叶长青"先世数代皆短寿"来自《年谱》中"长青以家世不寿"一语,而《年谱》经过叶长青补订,可见此语并不唐突。《石语》所谈诗人诗事,绝大多数可从《石遗室诗话》及诗话续编中得到索解,再证之《近代诗钞》所选诗之有无多寡,大概可以判断陈衍对当世诗人的真实评价。

三、黄曾樾

《石语》中有两次提到黄曾樾,第一次是钱锺书在前记中说:"退

---

① 《石遗先生年谱》。台湾文海出版社影印本,第301页。
② 《夜趣斋读书录》。河北教育出版,2005:120。

记所言，多足与黄曾樾《谈艺录》相发。"①第二次是陈衍批评王湘绮"学古往往阑入今语，正苦不纯粹耳。"钱锺书在此处下一批语："参观黄曾樾记《谈艺录》"。钱锺书非常喜欢"谈艺录"这个书名，1948年出版他最重要的文学批评著作，也不避重复，用了"谈艺录"书名，《中书君诗初刊》中《哭管略》首联即是："竞难留命忍须臾，谈艺归来愿已虚。"②《石遗室遗话续编》中第二次提到钱锺书，也引此诗颔联，但陈衍把诗题记成了《哭徐管略》，徐管略曾在无锡国专教书，1934年去世。

黄曾樾本书的全名是《陈石遗先生谈艺录》，1934年由中华书局出版，聚珍仿宋版印，线装一册，后多次重印，现已收入各种诗话丛书中，坊间极易见到。黄曾樾记录的陈衍原话是："王湘绮除湘军志外，诗文皆无可取。诗除一二可备他日史乘资料外，余皆落套，散文尤恶劣不可读。至用泥金捷报等字，岂不令人齿冷。"③与《石语》所言，基本相同。钱锺书只注一次，其实《石语》中还有几处与此相同，比如对严复、朱义胄等的看法，足见钱锺书对黄曾樾的书非常熟悉，且是案边常备。

---

① 《石语》。中国社会科学出版社，第29页。
② 《中书君诗初刊》。1934年自印本，第6页。
③ 《陈石遗先生谈艺录》。中华书局，1937：2。

黄曾樾（1898~1966）字荫亭，号慈竹居主人。福建永安县人。曾入福建马尾海军学校学习法文，1921年留法，获博士学位，是陈衍得意门生，曾协助陈衍编纂《福建通志》。

《石遗室诗话》中记有："永安黄荫亭曾樾，弱冠毕业法兰西里昂大学，而夙耽旧学，其师法国老博士某，甚器之，使著《中国周秦诸子哲学概论》，著录巴黎图书馆，得赠哲学博士，中国人未有也。归国从余游，致功诗古文词者甚挚。诗工绝句。"①《石遗室诗话》评论黄曾樾诗多首。《石遗室诗话续编》中又有三处涉及黄曾樾："永安黄荫亭曾樾，法国哲学博士，嗜诗古文词。尝记其所请益于余者，为石遗室谈艺录。余已采其诗入诗话。大略七言绝句为上，七言律、五言古次之。"②并抄录黄曾樾诗多首。另一处又说："荫亭近诗，可采者已不少。今年赴欧美考察邮政，得诗率寄示余。"③"永安黄荫亭司长曾樾诗"，然后完整抄录了黄曾樾的一首诗。④可见其对黄曾樾诗的重视。

现在福建地方文史中，关于黄曾樾的材料很多，我到厦门教书后

---

① 张寅彭主编．《民国诗话丛编》．上海书店出版社，第1册第459页。
② 张寅彭主编．《民国诗话丛编》．上海书店出版社，第1册第490页。
③ 张寅彭主编．《民国诗话丛编》．上海书店出版社，第1册第573页。
④ 张寅彭主编．《民国诗话丛编》．上海书店出版社，第1册第483页。

也曾稍为留意。抗战爆发后，黄曾樾曾随交通部到重庆，抗战胜利后一度出任福州市长。1949年后往福建师大中文系外国文学教研室任教授，1966年被学生打死。我的朋友、作家萧春雷曾写有《诗人本色黄曾樾》，后又见庄南燕专文《黄曾樾之死》在《厦门晚报》连载，这些材料网上很容易找到，我就不再引述了。庄南燕的夫人恰好是黄曾樾之死的目击者，据她说黄曾樾文革中死得很惨，是被学生毒打后抛入臭水池死亡的。2008年，福建师大开过一个纪念黄曾樾的学术会议，但会议的论文集一直没有公开出版。

我曾在一家旧书网的拍卖图录中，发现1939年前后，黄曾樾为印刷其父黄梓庠《黄澹庵先生印谱》及自己的《埃及钩沉》，与时任商务印书馆总经理的李拔可的来往书札，共九封。此书札为早些年流散出的商务编辑档案，此事早为书界熟悉，近年拍卖会上所出多数近现代名人书札，来源于此。我将这些书札，结合《黄澹庵先生印谱》《埃及钩沉》的出版时间、版本分析，判断无误，并已释读出来，将另文刊出。这批书札，虽是具体编辑业务往来，但其中可以看出李拔可当年在商务的重要地位，他长商务编辑事务时，所出福建文献甚多。《黄澹庵先生印谱》前有何振岱、赵尧生、李拔可等的题诗，黄曾樾要求用"诃罗版或精细铜版印在谱前而通志之文苑传印在背面"，同时对

《埃及钩沉》也要求用聚珍仿宋版线装印行，足见其对先辈的尊敬以及对中国文化的浓厚感情，不过因战时条件所限，后者未能满足，最后还是以洋装形式出版。

黄曾樾信中还多次谈及愿为印行高雨农《抑快轩文集》一事尽力，高雨农是福建光泽人。当时《抑快轩文集》的稿本存陈懋复、何振岱处，黄曾樾在信中说"人间只此两本，万一若遭劫收，奈何？深望吾伯能促成之，吾闽文献幸甚。"1944年该书印出。

黄曾樾热心于高雨农著述，除乡谊之外，可能也与陈衍有关。《陈石遗先生谈艺录》中曾说："吾闽古文家，朱梅崖外，允推高雨农先生澍然，其抑快轩文得力于李习之者甚深。难者集中碑版诸作，除陈望坡尚书神道碑等一二篇外，其余皆乡曲庸行，高先生能描写各肖其人而不雷同。惜其稿本数种，有八本者，有十二本者，全存陈太傅处，尚未付梓以公同好也。"① 陈衍同时还讲了一则高雨农的轶事。陈衍认为："文章与人品有莫大关系。当陈恭甫先生为道光通志总纂时，高雨农先生为分纂。陈没，高承其乏，任总纂。时某中丞怂恿劣衿，痛诋恭甫所纂。高先生寓书当道，力为驳斥，至辞馆不就。其行谊可钦

---

① 《陈石遗先生谈艺录》。第6页。

矣。其书洋洋数千言,可谓至文也。"

黄曾樾得李拔可所寄陈宝琛《沧趣楼集》,他读后的评价是"惟管见以为不及夜起翁之前无故人也",这些言谈,对研究郑孝胥及近代福建诗坛均有启发。

钱锺书交好中闽人甚多,1949年后,除与郭晴湖、郑朝宗多有往来外,与黄曾樾的关系也当引起研究者注意。钱锺书早年与陈衍交往,也和李拔可时相过从,我所见《中书君诗初刊》一书的复印本,封面即有"拔可先生诗家吟政 后学钱锺书"题字,可见当年福建诗人在中国近代诗坛之地位。

四、沈渝庆

《石语》中有一处提到沈渝庆。

陈衍和钱锺书谈到林纾时说:"黄秋岳、梁众异尝集沈涛园许,议作《畏庐弟子记》。沈为二子改名,一曰'无畏',一曰'火庐'。畏庐闻之大恐,求解于予焉。"沈涛园即沈渝庆。

沈渝庆（1858~1918），福州人，字志雨，号爱苍，又号涛园，是沈葆桢第四子，曾做过江西巡抚、贵州巡抚。《涛园集》是他最有名的诗集，二十世纪二十年代初由李拔可帮助印出，前有沈曾植、陈衍短序各一篇。今人卢为峰将沈渝庆诗集，外加沈渝庆之女沈鹊应《崦楼遗稿》、婿林旭《晚翠轩集》点校，合编为《涛园集·外二种》，2010年由福建人民出版社出版，书后附有几则关于沈渝庆的资料，惜过于简略，凡此集提到的材料，本文不再引述。

《石遗室诗话》中有几处提到沈渝庆，最重要一次是："吾乡同辈之为诗者，又有沈爱苍抚部（瑜庆）、林琴南孝廉（纾），皆不专心致志于此事，然时有可观者。爱苍号涛园。以二百四十万钱买福州城内乌石山瓯香许氏旧涛园，为其父文肃公祠。园有古松，故以涛名。余识涛园时方总角，行坐诵吴梅村诗、庾子山《哀江南赋》。忽忽四十年，其子女皆受业于余，重以姻娅，曾出资为余刊《元诗纪事》。见人佳文字，辄咨嗟叹赏不自已。亲炙知名士，如蚁之附膻。"[①]陈衍这段话，讲清楚了"涛园"的来历。

钱锺书对《涛园集》很熟悉，《七缀集》文章《汉译第一首英诗〈人

---

① 张寅彭主编。《民国诗话丛编》。第1卷第54页。

生颂〉及有关二三事》中有一个注解,曾提到《涛园集》,钱锺书说:"李凤苞原是带领严复、马建忠等'官生'出洋的'监督'。他在德国公使任内,向厂商订货时索贿①;是个典型的官僚。"②

李凤苞"订货索贿"案是晚清官场的一件大事,今天已有相当多的研究,也有各种不同的判断。李凤苞《使德日记》、汪康年《庄谐选录》,今天都是极易见到的书,网上一查即得,不复具引。

沈渝庆作诗喜写长序,陈衍诗话中曾指出过,也引述过,他选《近代诗钞》,沈渝庆诗选了不少,《哀余皇》也在集中,题目典出吴王夫差和《哀江南赋》。沈渝庆长序中说:"出使大臣李凤苞请废船政,谓制船不如买船。而己私其居间之利"③钱锺书《七缀集》那篇文章中,本意是说李凤苞《使德日记》是中国文献中最早提到德国诗人歌德的,注解中顺便涉及李凤苞的"订货索贿"一事,并专门提到沈渝庆的《涛园集》,可见他对晚清掌故非常熟悉。

---

① 参观汪康年。《庄谐选录》。卷一、沈瑜庆《涛园集》卷一《哀余皇》。
② 《涛园集》。上海古籍出版社,1995:166。
③ 《近代诗钞》。第14卷。

五、朱羲冑

1994年初,钱锺书刊布《石语》。这是钱锺书一篇少作,晚年重印,可判断为他对早年旧稿的认同,如对人对事评价有所改变,则不必多此一举。

《石语》作于1938年2月,时钱锺书尚在巴黎,他记录了1932年除夕和陈衍的谈话,虽是谈话回忆,但"偶有愚见,随文附注"。"附注"中涉及的人事,其实是钱锺书当时的真实评价,其中一处涉及朱羲冑。《石语》中语:"琴南既殁,其门人朱某记乃师谈艺语为一书,印刷甚精,开卷即云:'解经须望文生义,望文生义即以经解经之谓';又曰:'读经有害古文'。皆荒谬绝伦语。余亟嘱其弟子毁书劈板,毋贻琴南声名之玷。其弟子未能从也"。①

钱锺书随后有一"附注":"朱名羲冑,潜江人。其书名《文微》。石遗书与朱答书均附卷末。'望文生义'条遵石遗语删去,而于'经与古文'之辨,则断断不相下。畏庐书多陈腐空泛,有一则云:'东坡每诮东野诗如食小鱼,此外无他语。'真咄咄怪事。且极诋桐城

---

① 《石语》。中国社会科学出版社,1996:32。

派。盖暮年侈泰，不无弇州所云舞阳绛灌，既贵而讳屠狗吹箫之意也。朱氏笔舌蹇吃，绝无学问。答石遗书有云：'张和仲纂《千百年眼》一千卷，可笑'。"感觉钱锺书对朱羲胄评价似有怨气在其中。

朱羲胄（1890~1961年）名心佛，号悟园，羲胄是其字。著有《悟园诗存》①《文微》②《林畏庐先生学行谱记四种》。③

朱羲胄早年参加过辛亥革命和北伐，与湖北辛亥元老张难先、董必武、李书城等均有交往。1915年，朱羲胄入北京大学国文系，时林纾、黄侃恰在北大，朱羲胄成为二位的门生，尤服林琴南。朱羲胄北大毕业后曾任教于中国大学等校，1934年至1937年，他在上海任教暨南大学和大厦大学。淞沪会战后，上海沦陷，朱羲胄回武昌艺专任教。武汉沦陷后，武昌艺专迁四川江津，朱羲胄举家随迁。任国民政府教育部编审。不久应四川大学之聘，担任文学院国文系教授，后又转任四川大学师范学院国文系主任。1950年新政权正式接管川大，朱羲胄

---

① 1923年京华印书局印行。
② 1925年刊刻，线装一册。
③ 1948年世界书局出版，内含《贞文先生年谱》《春觉斋述记》《贞文先生学行记》《林氏弟子表》。

兼任四川大学教育工会秘书长及工会副主席。朱羲胄从1939年至1955年在四川大学工作十六年，1955年，应武汉师范学院之聘，由川返鄂，回师院中文系任教授。

1958年，湖北天门县有人检举朱羲胄早年参加过清乡，负有血债，后以所谓"反革命案"逮捕，因查无实据，当年免于起诉，但因此失去公职，生活极为潦倒。1961年11月，朱羲胄因病去世，1981年1月，始获平反。

朱羲胄长钱锺书二十岁，是他师长一辈的人。目前我们还没见到他们有直接交往的史料，但钱锺书何以对这位师长辈的人如此不客气，很耐人寻味。钱锺书说朱羲胄"笔舌謇吃"，可谓相当不敬，这个短处钱锺书如何知道？朱羲胄早年在顺天高等学堂读书时，曾和张申府同学，而张申府恰是钱锺书在清华读书时最欣赏他的老师，可以猜想，他们平时交谈时曾谈及朱羲胄，据说张申府早年的排满革命思想，还是受朱羲胄影响。钱锺书1929年到清华读书，当时《文微》已刊行多年，钱锺书对此书相当熟悉。

《文微》是朱羲胄早年听林纾讲课的笔记，他按通则、明体、籀诵、造作、衡鉴、周秦文评、汉魏文评、唐宋元明清文评、杂评、论诗词共十大类整理成文。1925年《文微》印行，封面马衡题字，王葆心作序，黄侃题辞，由湖北名刻手陶子麟镌版。

钱锺书对朱羲胄的评价是"绝无学问"，更指朱羲胄谓明代张和仲《千百年眼》有一千卷是"可笑"，应当说是相当苛刻的批评了。批评指对的事实无误，但在情感上少点同情。二十世纪二十年代，张燧《千百年眼》已有多种印本，并非稀见之书。查《文微》原书，朱羲胄原话是"明潇湘张和仲燧纂千百年眼一千卷"，此语是原文小字双行夹注。《千百年眼》原书为十二卷。旧时刻版习惯是一个版面上横笔统一先刻，再刻竖笔。也就是说"一、二"同时刻，再刻竖笔时，本应在"一"上，但刻工粗心，竖笔落在"二"上，误"二"为"千"字，古书刻印，此类失误时有所见。以常识判断，朱羲胄绝不可能将"十二卷"常见之书说成"一千卷"。上海王培军先生以钱锺书立场责朱羲胄未见原书，似也过苛。即令出错原因非此判断，手民之误的可能极大。钱锺书由此讥为"可笑"，显是成见作怪。二十世纪六十年代钱锺书写《林纾的翻译》时，在注释中三次引述朱羲胄1948年出版《林畏庐先生学行谱记四种》中材料，在事实是否定了他早年对朱羲胄"绝无学问"的判断，或许钱锺书早已忘记当年他对朱羲胄的讥评了。

另外钱锺书说《文微》中有一则"东坡每诮东野诗如食小鱼,此外无他语",前句记忆精准,但后句误记,原书并无"此外无他语"一句。

朱羲胄一生倾服林纾,而钱锺书对林纾却有偏见。《石语》中认为林琴南书"多陈腐空泛",原因是"暮年侈泰,不无弇州所云舞阳绛灌,既贵而讳屠狗吹箫之意也"。钱锺书对林纾的偏见,似与钱基博与林纾恩怨有关,由父辈关系迁怒朱羲胄也属自然。

1935年,钱基博在一篇自传中曾记他和林纾的过节,钱基博说:"桐城之文,尚淡雅而薄雕镂,而畏庐则刻削伤气,纤浓匪淡,于桐城岂为当行!而气局偏浅。十五六年前,徒以博偶有掎抚,见之不甚愤愤,无端大施倾轧,文章化为矛戈,儒林沦于市道,嘱商务不印拙稿,而不知博本勿赖市文为生。有友人介绍博任北师大国文讲座,其时畏庐在北京文坛,气焰炙手可热,亦作臧仓,致成罢论,知者多为不平!"[①]

钱基博早年因作《技击余闻补》,对林琴南书有所补正,他在正文前小记中有"予睹侯官文字,此为佳矣。爰撰次所闻,补其阙略,

---

① 钱基博。《现代中国文学史》。台湾明伦出版社,1971:附录第4页。

私自谓佳者决不让侯官出人头地也"一类话，可能让林纾不快，才有后来钱基博认为商务不印钱书、北师大任教事受阻，均是林琴南作了手脚。钱锺书父子关系极密，此事想来不会不知，如非另有原因，因父辈恩怨迁怒朱羲胄，当是钱锺书讥评朱羲胄重要原因。

钱锺书的一段经历

一

从道理上说,研究钱锺书与清华间谍案并不是一件难事,我们只要查阅公安部、安全部关于这一事件的原始档案就可以完整了解事件的真实情况;另外,如果现在可以公开查阅中国社会科学院文学研究所的钱锺书档案,也会对钱锺书在此事件中的遭遇有一个详细了解。但目前只能在不具备这两个前提的情况下研究钱锺书与清华间谍案的关系,我们依赖的原始文件相当有限,在这些有限的公开史料中,我们努力还原历史,尽可能解释一个知识分子的经历以及这种经历对他一生的影响。

所谓清华间谍案其实并不复杂，它主要是指1952年7月，北京市公安局以间谍罪逮捕了当时在北京清华大学外国语文系任教的一对美国夫妇，男的叫李克（Allyn Rickett），女的叫李又安（Adele Rickett）。1955年9月，依据《中华人民共和国惩治反革命条例》，判处李克有期徒刑6年，李又安有期徒刑4年零6个月。因他们认罪态度较好，有立功表现，提前释放，并限三天离境。他们获罪的原因，据当时的起诉书中说："1948年10月，受美国情报部门派遣来到中国，以清华大学英文教师和北京大学研究生的名义做掩护，搜集大量中华人民共和国重要的政治、军事、文化情报，并秉承美国国务院的旨意，在中国知识界培养'第三势力'，妄图分裂和取代中国共产党和新生的中华人民共和国政权……"朱振才[①]这就是当时为中国知识界震惊的清华间谍案。

清华间谍案对当事者本身影响并不大，它只是冷战初期，对立阵营间处置侨民、留学生、访问学者的一个防范性常例，美国也一度出现过麦卡锡主义，凡与共产党国家有过交往的学者都曾受到怀疑。所谓间谍，不过是一个更有法律依据的说法。在事实上，当时对类似事件的处理还比较慎重，在李克间谍案中，周恩来表现得很冷静，对事

[①] 《建国初期北京反间谍大案》。中国社会科学出版社，2006：188。

实判断也很清晰，这最后导致了李克夫妇的从宽处理。

李克间谍活动的内容，其实也不重要，与一般认为的收集有关武器、外交文件和科学研究内容的间谍活动不同，他只是留意当时对美国判断中美关系有帮助的政治、经济、文化及知识分子的情况，特别是当时美国国务院希望在中国发展起来的可与中国共产党抗衡的"第三势力"的思想状态。

李克当时被认为是间谍的一个主要原因还与他二战期间在美国海军情报部门做过日语翻译有关。1948年李克到中国来的合法身份是富布赖特奖学金访问学者，当时还在国民党政权下。李克夫妇能来中国，又与他们的老师、著名的汉学家卜德（Derk Bodde）有关，卜德当时是宾夕法尼亚大学教授，是他帮助李克夫妇申请到了富布赖特奖学金，到燕京大学学习中文，当时中国公安部门认为卜德是美国中央情报局的间谍。李克后来在他的回忆录中曾说，他到中国来之前，原来海军情报部的有关人员找到他，他们听到他将到中国去，就说："如果我能留心代他们观察一下，回来时把情况报告给他们的话，他们是十分感谢的。我心里想，海军部情报司竟把我看成为中国专家了；一种受宠若惊的感觉使我不禁有些飘飘然起来。同时，他们的要求又正好和我研究中国情况，准备博士论文的计划相符合，所以就马上答应了他们。那时我根本没有考虑这样做可能引起一些什么后果。甚至在共产党进了北京之后,当我继续不断向北平美国使馆供给情报时,也没有真正清楚地认识到我这种间谍活动会使我遇到什么严重危险。"①1972年中美国关系解冻后,李克夫妇曾在1974、1980年,作为中美友好人士来华访问,并和早年审判他们的法官建立了友谊,由此可见这桩间谍案的性质。

观察清华间谍案的主要意义已不在这个案件本身,而在于这个案件如何影响了当时的中国知识分子。在冷战期间,特别是在朝鲜战争爆发后,清华间谍案的发生,带给当时凡与李克夫妇有过正常交往的中国自由主义知识分子的恐惧是显而易见的,而当时与李克夫妇有正常交往的这些知识分子,事实上也确实受到了监控,钱锺书应当在这个监控中,这样的经历对中国知识分子内心产生的影响是深远的,在相当大的程度上直接影响了他们后来的行为。1952年在思想改造运动中,许多知识分子被与清华间谍案联系起来。冯友兰曾回忆到"后又检查多次,还涉及对美国、对梅贻琦、对卜德与李克的认识态度等。"②

---

① 李克,李又安。《两个美国间谍的自述》。青珂译。群众出版社,1958:3。

② 蔡仲德。《冯友兰先生年谱长编初稿》。河南人民出版社,1994:372。

李克在交代自己的活动时曾提及："北京一所大学的张教授,已经和我联系过,他自称是'第三势力'的代表,他原来是司徒雷登的密友。听说,中共方面已经开始注意他了。"① 由此可见当时与李克夫妇有过交往的中国知识分子基本都在控制中。

二

了解李克夫妇当时在清华的生活,有助于我们判断清华间谍案的真实程度。李克在清华时,曾多次与他的老师卜德通信,我们从下面抄出的两封信中,可以看出当时清华教授的一些情况。李克原信为英文。原信由现居美国的周启博先生提供并得到李克同意在论文中引述。信件由周启博翻译,笔者校订,译文中如有错误完全由笔者负责。李克在信中提到了许多当时在清华教书的人,特别是对钱锺书有具体的评价,他们之间的关系确实不错。据范旭仑考证,李克回忆录中提到的吴先生是指周一良,赵先生即指钱锺书。范旭仑最早依据美国胡志德在《钱锺书传》的提示,认为李克用了"百家姓"的典故,并将书

---

① 朱振才。《建国初期北京反间谍大案》。中国社会科学出版社,2006:162。

中的相关叙述与周一良的回忆录对读，这个判断完全准确。①

李克在回忆录中叙述到：②

到了一九五〇年暮春，形势就有了显著的变化。中国人不论是死硬派还是吸收新学说的人，都显著地和我们发生了巨大的差别。有一天下午，我们在教职员中邀了两个老朋友和他的夫人来吃饭，这种对照就显得很清楚了。

吴先生和吴太太先到，坐我们房子里和我们谈他们在美国的经历。二次大战期间吴先生曾在哈佛大学教过几年书。正当我准备问吴先生几个有关我所研究的问题时，刚好门开了，赵先生和往常一样带着一种有素养的急切神情进来了，赵太太跟在他的后面。

当我们接过他们的外衣时，听到吴先生从容不迫地说："今天的教职员会怎么没见你去参加？"

赵先生把手一摆，似乎是要把这种琐事推到一边去似的："今天

---

① 范旭仑。《钱默存因李克案遭受祸难》。《万象》杂志2001：第1期。
② 李克，李又安。《两个美国间谍的自述》。青珂译。群众出版社，1958：34、35。

我整个下午都在图书馆里忙着查书。我想我已经找到了最早的有关中国甘薯的资料。甘薯最初出现在福建你知道……"

接着甘薯就成了主要的话题,过了几分钟,赵先生才决定转到他另一个伟大的发现上去。为了把话题转到最近一世纪,又安提出她正在研究几篇现代诗,并问赵先生是不是念过。

赵先生在鼻子里哼了一声然后答道:"你说是'现代'诗吗?哼……我认为还不如说是'绝代'诗倒更恰当些。50年以后就不会有人再听到这些东西了。"他那一口训练有素的牛津口音更加衬托了他对中国新起诗人的鄙视。

我们听了之后都笑起来了。这时吴先生用软绵绵的声音说:"这里面有些还不算太坏,他们正在努力写一些人民能听得懂的东西。"

"呸,人民根本就不懂得什么诗!"

吴先生本打算回答几句,但饭已经摆上了,就没有说下去,话题又转到旁的方面去了。

饭后我问赵先生是不是参加了哪一个政治讨论组。"讨论,"他大声说道,"那根本不是讨论,而是瞎扯。他们所谓的逻辑简直是一派胡言,亚理斯多德在九泉之下听着也不会瞑目。所有马克思主义的思想都是这样。这里面一点内容都没有。这些东西真幼稚,幼稚得很呀!这些东西真幼稚。"

李克的回忆可以和周一良晚年在《毕竟是书生》中的叙述对读:①一九五〇年抗美援朝开始以后,李克夫妇以特务罪名被捕入狱,公安部门也曾派人向我们了解情况,我们当然如实报告:一九四九年圣诞节到清华北院李克家吃过饭,在座有钱锺书夫妇。……我的儿子从清华图书馆借来李克夫妇的书,我才知道,他们早已释放回国。……书中提到清华一位美国留学回来的历史教授,解放之后乐于接受共产主义思想,无疑是指我。

现在有一个问题是在目前已见到的关于钱锺书的回忆里,特别是杨绛的回忆中,极少到提到过李克夫妇,这是个很特别的例子,极有可能是这个当年的交往留给了他们内心很多恐惧。李克夫妇在清华时,朱德熙曾教过他们,朱德熙夫人何孔敬回忆说,那时朱德熙一周两次到李克家去教汉语,他们结下了非常亲密的关系,成为非常好的朋友。1974年李克夫妇到中国来看望老朋友,当时朱德熙还在牛棚里,他在

---

① 周一良.《毕竟是书生》.十月文艺出版社,1998:68、69.

北京大学外宾接待室见了李克夫妇，朱德熙奇怪他们怎么会来北京，李克笑着对他们说："政府没有难为我们，就让我们进来了。"[①] 按美国人的习惯和常理，李克夫妇应当也要见钱锺书夫妇的，但我们现在没有看到相关回忆，这也从反面说明当时和李克夫妇接触过的清华教授受到的影响并不相同，而钱锺书可能是比较严重的。

三

1949年，钱锺书从上海到北京，在清华大学外国语文系任教，同时负责清华外文系研究所的工作。当时张奚若、周培源、吴晗、金岳霖、温德、吴组缃等都在清华任教，钱锺书还与温德一起指导过当时在清华的研究生，李克夫妇就在这时与钱锺书相识。钱锺书与李克夫妇有过多深的交往，我们现在很难见到相关史料，但他们认识是基本事实。

在钱锺书研究中，近年来比较详细提到钱锺书与清华间谍案关系的，有两种意见，一是承认清华间谍案牵涉到了钱锺书，但对于相关事实并没有下简单结论；还有一种意见是认为把钱锺书牵涉进清华间

[①] 何孔敬。《长相思——朱德熙其人》。北京：中华书局，2007：101。

谍案中，完全是对钱锺书的诬陷，当时相关机构已经做了结论。

徐公持认为："关于钱先生，我始终有一个问题搞不清楚，那就是我到文学所之初，就听人说在1949年，清华大学曾发生一桩'间谍案'，有人就产生了怀疑，似乎哪些人受了案件的牵连，虽然举不出什么证据，但受到怀疑本身似乎也就成了一个问题。我立即借到一本当事人李克、李又安的回忆录来仔细阅读，努力从字里行间去'发现'相关的蛛丝马迹，但什么也没发现。"徐公持《古代组"老先生"印象记》，①我读到徐公持文章后，曾以《钱锺书与"清华间谍"案》为题，给《新文学史料》写过一信，提供相关情况。②我这封信刊出后，曾引起中国社会科学院文学所注意，他们曾以公函形式向《新文学史料》编辑部特别作了说明。公函中指出："材料中所列举的全部所谓'问题'，钱锺书先生所在的中国社会科学文学研究所，早在上个世纪五十年代已一一调查清楚，做了结论。"所以文学研究所认为此说"纯属空穴来风，查无实据"。同时，公函还针对我在来信中认为钱锺书对此事可能"一直蒙在鼓里"的说法，提出了否定判断。③

---

① 《新文学史料》。人民文学出版社，2003：第2期第99页。
② 《新文学史料》。人民文学出版社，2004：第1期第205页。
③ 《新文学史料》。人民文学出版社，2004：第2期第205页。

2004年无锡召开的"钱锺书与中国现代学术"会议上,王水照提供的《钱锺书先生横遭青蝇之玷》的论文中,结合钱锺书的生平时代,从李克、李又安合著的《两个美国间谍的自述》一书,结合邹文海的《忆钱锺书》一文,再联系杨绛先生的《干校六记》中的有关内容,考证与论述了钱锺书先生于二十世纪50年代中期遭受不白之冤和在"文革"中下放劳动时,依然保持了知识分子的良知和爱国的热忱,从而提供了珍贵的关于钱锺书思想人格方面的重要资料。黄志浩《钱锺书与中国现代学术研讨会综述》。[①]

2007年,在纪念何其芳逝世三十周年座谈会上,原文学研究所书记王平凡通过众多事例,回顾了何其芳在长期担任文学所领导工作的过程中如何保护知识分子。像子虚乌有的"清华间谍案"曾将钱锺书牵扯其中,是何其芳力保其免于遭受迫害。程凯《纪念何其芳同志逝世三十周年座谈会侧记》。[②]

那么钱锺书与清华间谍案到底是个什么关系呢?我们可以做这样的推理:清华间谍案发生后,与李克夫妇有过较多交往的中国知识分

---

① 《文学评论》,2004:第5期。
② 《文学评论》,2008:第1期。

子都在被怀疑中，以当时中国对知识分子的处理办法，就是通过相关组织进行内部监控，所谓内部监控是指公安、安全机关，通过被监控人所在党组织对被监控者进行控制的一种方式，被控制者本人并不知情。我为什么认为钱锺书是被内部监控呢？主要是依据一份内部材料。

1956年1月14日至20日，中共中央召开了全国知识分子问题会议，周恩来在会上作了著名的《关于知识分子问题的报告》。当时知识分子比较集中的部门，都为会议准备了详细的材料。其中高等教育部在一份关于北京大学的调查报告中，对当时北京大学的知识分子有一个判断，认为政治上中间的，按他们过去政治态度，可区分为两种类型。第一种：解放前脱离政治或深受资产阶级民主个人主义影响，对党有怀疑甚至敌对情绪，解放后，有进步，对党的政策一般拥护，但对政治不够关心，对某些具体政策及措施表现不够积极或不满，个别的或因个人主义严重而对某些措施抵触较大。这种人为数较多约有七三人。……第二种：解放前反动，与国民党反动派有过较深的关系，解放后逐渐从对党疑惧、抗拒转变到愿意进步，愿意向党靠拢。……还有的是脱党分子或过去曾参加过党的外围组织，以后脱离革命，解放后一直对党不满。"如中文系王瑶，抗战前曾参加我党后因害怕反动派迫害脱了党，解放后感觉政治上没有前途，想埋头业务，一举成名,三反、思想改造时还闭门写新文学史。一九五二年人民日报召开座谈会批判该书,他认为业务也完了,哭了一次。对副教授、十一级的工资待遇很不满,去年改为九级仍然不满。教学工作极不负责任,大部分时间用在写文章赚稿费。还有像傅鹰,有学术地位,工作也还积极负责,但不愿参加政治学习和社会工作,轻视马列主义,否认党对科学的领导。"

这份报告中提到的反动教授就有钱锺书。报告说:"反动的:一般是政治历史复杂并一贯散布反动言论。如文学研究所钱锺书在解放前与美国间谍特务李克关系密切,和清华大学所揭发的特务沈学泉关系也密切,曾见过'蒋匪'并为之翻译《中国之命运》,还在上海美军俱乐部演讲一次。在解放后一贯地散布反苏反共和污蔑毛主席的反动言论;一九五二年他在毛选英译委员会时,有人建议他把毛选拿回家去翻译,他说'这样肮脏的东西拿回家去,把空气都搞脏了,'污蔑毛选文字不通;中苏友好同盟条约签订时,他说:'共产党和苏联一伙,国民党和美国一伙,一个样子没有区别'。他还说:'粮食统购统销政策在乡下饿死好多人,比日本人在时还不如';当揭发胡风反革命集团第二批材料时,他说:'胡风问题是宗派主义问题,他与周扬有矛盾,最后把胡风搞下去了'等等反动言论。"高等教育部《北京大学典型调查材料》,① 我们现在来做一个分析：

1956年中央知识分子问题会议召开时，清华间谍案已在1955年结案，当时李克夫妇已回到美国。原在清华大学的钱锺书已随机构的变革，由清华到了当时设在北京大学的文学研究所，后文学研究所又归到了中国科学院，时间已过去了三年。但三年后，一份高等教育部上报中央的秘密报告中的内容，还那样判定钱锺书的政治表现，恐怕不是偶然的。我们现在要追问的是，当时这份报告是哪一个机关负责起草的？是哪一个机关的负责人认可了报告中的内容然后再上报中央会议的？如果按后来文学所的判断，当时清华间谍案涉及钱锺书的内容已做了结论，并且钱锺书本人已经知道（事实很可能也确实如此），因为从后来发生的事实判断，钱锺书本人并没有因此案受到影响，一般认为是何其芳保护了钱锺书。

这份报告的最后汇总者是中共中央统战部，时在1955年12月9日。按中央文件起草的一般规律，这份材料的原始来源应由基层部门提供，那么钱锺书所在的机关在1955年底还那样判断钱锺书，难

---

① 《关于知识分子问题的会议参考资料》。中共中央办公厅机要室印发，第2辑第52页。

道不恰好说明钱锺书是一个被内控的对象吗？从统战部文件的称谓上判断，一直把钱锺书放在北京大学范围内，而文学研究所创建的时间在1953年，虽然这个材料有可能是延续了当时还在北京大学的文学研究所对钱锺书的评价，但这个文件能报送中高层，一定有一个原始的材料提供者（诬陷者），而这个诬陷者提供的材料是得到了相关负责人认可的，如果没有原始单位负责人认可，这个材料不可能送达高层。

钱锺书夫妇其实并不知道自己在被控制中，直到文革时期，他们才了解此事。杨绛说："若不是'文化大革命'中，档案里的材料上了大字报，他还不知自己何罪。"① 杨绛回忆说："我第一念就想到了他档案里的黑材料。这份材料若没有'伟大的文化大革命'，我们永远也不会知道。"② 杨绛对这件事的记述比较含糊，非对当时历史有了解的人难以明白。杨绛说："'文化大革命'初期，有几人联名贴出大字报，声讨默存轻蔑领导的著作。略知默存的人看了就说：钱某要说这话，一定还说得俏皮些；这语气就不像。有人向我通风报信；我去看了大字报不禁大怒。我说捕风捉影也该有个风、有个影，不能这样无

---

① 杨绛。《我们仨》。三联书店，2003：124。
② 杨绛。《干校六记》。中国社会科学出版社，1992：98。

原无由地栽人。我们俩各从牛棚回家后，我立即把这事告诉默存。我们同拟了一份小字报，提供一切线索请实地调查；两人忙忙吃完晚饭，就带了一瓶浆糊和手电到学部去，把这份小字报贴在大字报下面。第二天，我为此着实挨了一顿斗。可是事后知道，大字报所控确有根据：有人告发钱某说了如此这般的话。这项'告发'显然未经证实就入了档案。实地调查时，那'告发'的人否认有此告发。红卫兵的调查想必彻底，可是查无实据。默存下干校之前，军宣队认为'告发'的这件事情节严重，虽然查无实据，料必事出有因，命默存写一份自我检讨。默存只好婉转奉辞，不着边际地检讨了一番。我想起这事还心上不服。过一天默存到菜园来，我就说：'必定是你的黑材料作祟。'默存说我无聊，事情已成定局，还管它什么作祟。"①

历史已经过去半个多世纪，追究在当时政治环境下出现的对一个学者的诬陷性评价要承担什么样的政治和道义责任，已没有太多意义，但作为史料观察，当时诬陷钱锺书的那些内容，对我们研究钱锺书还不能说没有意义。还原到当时的历史处境中，如果要坐实钱锺书的那些言论，无疑要置钱锺书于死地。但当历史发生变化后，我们再来判断当时的诬陷材料。首先不是从道德方面去追究诬陷者的责任，

---

① 杨绛.《干校六记》.中国社会科学出版社，1992：99。

或者肯定钱锺书的勇气,而是把它作为判断钱锺书思想和人格的一种辅助材料,这时钱锺书是不是真说过那样的话已不重要,重要的是当时对同样的历史已有了另外一种评价,这种评价现在看来完全符合历史事实,如果确有诬陷者存在,诬陷者的材料获得了超越历史真实的思想史价值,我就是在这个意义上来理解那些诬陷钱锺书的史料的。

陈寅恪在冯友兰《中国哲学史》上册的审查报告中,曾指出过伪材料在历史研究中的作用,他说:"然真伪者,不过相对问题,而最要在能审定伪材料之时代及作者而利用之。盖伪材料亦有时与真材料同一可贵,如某种伪材料,若径认为其所依托之时代及作者之真产物,固不可也;但能考出其作伪时代及作者,即据以说明此时代及作者之思想,则变为一真材料矣。"① 这份诬陷钱锺书的材料中,凡提到的关于钱锺书的活动,基本都是钱锺书的真实经历,比如与李克的关系、在上海美军俱乐部演讲、参加毛选英译委员会等,至于诬陷者对钱锺书言论的记录,则属于无法对证的材料,只能做判断性选择,信其有和信其无都可讲出一些道理。

---

① 《陈寅恪史学论文集》。上海古籍出版社,1992:508。

2009年，英若诚英文自传《水流云在》中译本出版，康开丽（Claire Conceison）原书序言中已明确写道，1950年受彭真指派，安全部门到清华大学宿舍里找了英若诚夫妇，让他们协助搜集两名美国人李克、李又安从事间谍活动的证据。随后，两名美国人入狱。① 从目前已公开的涉及这一事件的文献判断，此案的真相已大白于天下。

附录：李克致卜德信 译文及英文原件

第一封信

中国，北京
清华大学北院18号丙
1949年12月1日

亲爱的卜德博士：

几天前冯博士告诉我们您已安全到家，鲍勃·温德也告诉我们美国之音引用了您的讲话。我们希望回家的旅途比离家来华时稍微愉快一些。至少我敢说再次在家里安顿下来感觉会很好。您走后此处无大

---

① 康开丽.《水流云在——英若诚自传》序言. 中信出版集团，2009.

变化。冯博士已辞去文学院长和哲学系主任职务，但仍在教课。在这里的美国人越来越少，但好像还有几个新来的。俄国人已经来到并忙于采购，使这里的商人很高兴。北京城外和您走时一样，新中国成立没改变我们的处境，但是旅行规章有少许松动。

我们教课的工作量比去年加重不少，可是学生学习大大优于去年，所以我们并不在意工作负担。但是，自己要学的课程使我们很忙。黛尔每周要上浦江清的诗歌，还旁听李广田的现代戏剧课和艾青的现代诗歌课。不幸的是她觉得李说话难懂，而艾讲不出什么内容，可是她从李和艾那得到大量中文听力练习。每周她还花2小时跟冯博士学诗。给朱先生写作文，每周6小时和学生对话。此外我俩每周还旁听鲍勃·温德的马克思主义评论课。所有这些课让黛尔忙到了极限。我当然一直在搞《管子》，每周2小时上许维遹的课，课上我问问题，然后我和许发疯似地讨论以得到答案。许帮助我极为耐心，但我按乐观估计只能听懂他说的10%。幸好他在我不懂时常给我写下来或者画出来，但我确信他这可怜的老师一定暗中希望我在有课那天呆在家里不来上课。我现在做的是挑《管子》书中几章再翻译一次，然后和许或者任何我能逮到的倒霉中国人讨论译文。讨论后我把译稿打成我希望说得过去的英文。我的一个燕京朋友有一天表示愿意审读我的英文稿而铸成大错，现在我就让他改正我打好的英文稿。他读稿后写下他的建议。到现在他只交还给我一章,所以我还不知道他的改正有多可靠。他的确通晓英文,而又有足够古汉语能力去发现我的愚蠢错误。我确信这类错误不在少数。

问题是进度太慢。我原计划每周一章,但现在我两周多才搞一章。我不知怎么办,因为许多难点是用像样的英文表达中文意思。今年夏天我告诉您我希望今冬能做完30章,现在我怀疑我是否能做这么多。我可能最多能做20到25章。我不知道你认为这些是否够一篇论文。即使不加注解,用双倍行距打字,每章也要10页,这么多章的译文至少占200页篇幅,注解、评论和引言至少需要200到250页。还要加上未翻译的那些章的综述。我想说的是除了每周7小时会话,这件该死的事占了我全部时间。我想在回宾大之前花至少一年学中文,还希望能抽时间把注解写出第三稿,请冯博士或相同水平的人审阅,还梦想向罗常培学点音韵。此外,离开中国之前还想把《管子》内容的成文日期和社会背景研究一下。唉,我不知道能做成多少。我希望我们能在这里呆上10年,那样才能学些东西,但是从现状看来没什么希望。回想起我们在宾大自以为已经懂了不少中文我就觉得好笑。当时觉得我们已经能读中文诗词啦……那可是了不起的中国文化呀!!

不论我们进度快慢，只要可能我们一定要在此再呆一年。因此我要给莫蒂默·格雷夫斯（Mortimer Graves）和叶理绥（Serge Elisseeff）写信询问给我们奖学金的可能。我已经擅自把您作为我们的主要推荐人，希望您不介意。有学生就一定会有许多麻烦。我相信下次有人给您写信问能否跟您在宾大当研究生，您会把他们支到耶鲁去。我怀疑向那两位申请奖学金会有结果，如果没有奖学金，我们就节衣缩食，总不会有比高粱更差的伙食了吧？

尽管我们学中文一直前景晦暗，我们还是开始喜欢中国了，因为我们在清华又结识了几个中国人。著名的《书林季刊》的钱锺书，在这里的外语系教书，我们已成莫逆。他是我至今所见最自负的人，但也是少有的才子。我们也结识了潘光旦。我想用地名词典统计社会阶层上下流动，他对此予以鼓励。他还说《清华学报》应该就要出版了，但是《社会科学》看来无望。他说迄今他只收到一篇文章，现在没人再搞这个领域了。还有，王钟翰在燕京做引得，他告诉我的好消息是《荀子》应在一月出版，然后是《韩非子》，接下去呢，不知可信不可信，是《管子》预定51年夏出版。我将乐观其成。事实上北京汉学总体在复苏，政府计划出版一系列新版古籍，要为一般读者加入简化注解，这些注解应该包括许多至今散落各处未曾出版的信息，所以应该很有用。浦江青和钱锺书都名列出版计划委员会，所以这些书应是高质量的。我想顺便问问您是否对北京汉学研究综合报告有兴趣，许多新课题都应该在开春时开始。

我得搁笔了。请代我们问候卜德太太和西奥。我们知道您一定极忙，如您有时间，希望能给我们写信。

圣诞快乐

瑞克和黛尔

又及：请代我们问候 Dr. Brown, Dr. Speiser, Dr. Bender 和 Jean Lee。此外，我们知道航空信仍不通但我们经普通邮政收到过信件。

瑞克

18C North Compound
Tsinghua University
Peking, China
December 1, 1949

Dear Dr. Bodde,

We heard from Dr. Fung the other day that you had arrived home safely and have also heard from Bob Winter about your being quoted on the Voice of America. We hope the trip home was a little more pleasant than the one out. At least I'll bet it feels good to be home and settled again. There hasn't been much change here since you left. Dr. Fung has resigned as Dean of Humanities and Chairman of the Philosophy Dept., but is still teaching. One continues to meet fewer and fewer Americans, though a few seem to be coming in. Ivan has arrived and is busily buying up the town much to the joy of the tung-hai men, but outside of that Peking is much the same as when you left. The establishment of the new Republic has done little to alter our position, but there has been a slight easing up of travel regulations.

Our teaching schedule is quite a bit heavier than last year, though the students are so much better in their work this year that we don't really mind. However with our own classes it really keeps us busy. Dell has a regular scheduled class with P'u Chiang-ching in poetry and is also auditing a course on modern plays under Li Kuang-t'ien and another course in modern poetry under Ai Ch'ing. Unfortunately she says Li is rather difficult to understand and Ai doesn't have much to say, but it does give her a lot of practice in hearing Chinese. She is also studying poetry two hours a week with Dr. Fung, writing compositions for Mr. Chu and taking conversation with students six hours a week. On top of that we are both sitting in on a course being given by Bob Winter on Marxist criticism. All of which makes her about as busy as a person can be. Of course, I have been going on with the kuan-tzu and have a regular class with Hsü Wei-yü two hours a week, in which I ask certain questions and then we both try like mad to find some basis of communication for the answer. He has been wonderfully patient and very helpful, although I get only about 10%, a very optimistic estimate, of what he says. Fortunately he frequently writes things out for me and also draws pictures but I'll bet the poor man wishes I had stayed home. What I'm doing now is selecting chapters which I translate for the second time, then talk over with Hsü and any other poor Chinese I can grab hold of. Then I type them out in what I hope passes for English and give them, for correction, to a Chinese friend in Yenching who made the fatal mistake of offering to read my translation one day. He then looks them over and makes suggestions. So far he has only handed back one chapter so I don't know how reliable his corrections are going to be. But he does have the advantage of knowing English very well and seems to know classical Chinese at least well enough to catch any stupid mistakes, of which I am sure there are not a few.

The trouble is the whole thing is going very slowly. I had originally planned to do a chapter a week, but it is taking me well over two weeks per chapter at present. I don't know what is to be done about it either because much of my trouble is just putting the Chinese meaning into decent English. As I told you this summer I had hoped to finish 30 chapters this winter but I doubt if I can do even that much now. 20 or 25 may be my limit. I don't know whether you will consider that enough for a dissertation or not, but without any notes the chapters are running about 10 double-space pages, which would make about

tion with Ch'i and things which would primarily concern Ch'i's economy, such as abundance of and shortage of grain. Moreover in several places there appear odd expressions which are perfectly good Shantung t'u-hua, even today. This last point might be very revealing if Hsü would work on it a little, but the poor man has been terribly ill ever since last spring and is hardly interested in living, let along working on the Kuan-tzu. Of course no foreigner could do it. Moreover in the past few weeks I have been doing some reading on the early Fa chia, including several discussions of the 稷下 among them a special work on the subject by 金受申, and also Ch'ien Mu's work. Not one of these people tries to link the Kuan-tzu to the chi-hsia school but it seems to me to fit very well. I have asked Dr. Fung, Ch'i Ssu-ho and Sun Yü-t'ang about it and they all think it is a very good idea. As Sun pointed out, the problems which the Kuan-tzu tries to solve are exactly the ones which would have faced the kings of Ch'i in the 3rd century B.C. Moreover the conglomerate nature of the material in the Kuan-tzu checks completely with what one might expect from a school which includes such men as Shen Tao and Yin Wen. Of course the whole thing so far is just an idea and may never become any more than that, but I think it is worth kicking around a little. One thing that bothers me is that I seem to remember Maverick had a similar opinion in that little speech you sent me. But I've forgotten exactly what he said and I don't remember whether he was merely quoting tradition or whether he really had something. Anyway I guess it doesn't matter much with the world in its present state, but after spending two years on the dirty work of translation, I would like a chance to play around with more romantic side of the thing in my own library. Incidentally I sent copies of most of my translation home last August along with our books. Not all the chapters are there and none of Ch'ien's notes, but anyway they will give you some idea of what I have or haven't done if you would like to see them. I'll let the Austins know about it.

Is there any age limit for Ph.D.'s at Penn? It took me nine years to get my B.A., so in the normal course of things I guess it should take me another nine to get a Ph.D. It will probably take me that long anyway wading through the Liao shih translation and Nancy Lee Swann's new book. Vetch has copies of them both and they certainly are beautiful. I was hoping that a copy of your book would come through, but I'm afraid that is out now. I say Lo Chang-p'ei the other day and he said he had received the copy you sent him of the Tolstoy and he gave me a copy of his latest book to take to you. I hope I shall be able to oblige.

There is very little in the way of local gossip to report. There has been a sudden rash of romance with two marriages, due no doubt to the uncertainty of the times. One is an English couple whom you do not know. The other, believe it or not, is Ronnie Parker and a Dutch girl, one of the secretaries in the Dutch Embassy. Also Robert Ruhlmann is supposed to be serious about Lois Ch'en. Do you remember her in the British Council? Doesn't it make you feel young again? Did I tell you that the PekingClub has been taken over. The old members are still in but that will probably be taken care of in the near future. Mary Ferguson's house has been taken over by the Czechs and the Harvard-Menching Institute compound by a government group. With the American Consulate all locked up except for San-kuan-miao, which is being used by the British, I'm afraid there is very little in Peking except the Pekingese themselves to remind you of the days when you were here. The Peking people of course are the same as ever and on occasion it is even still possible to hear, "Mei-kuo jen ting-hao." I used to hate it but believe now it sounds rather good, though shockingly out of date.

Please give our regards to Mrs. Bodde, Theo and all our friends at Penn.

第二封信

4号宿舍
燕京大学
1950年12月22日

亲爱的卜德博士：

您订的书终于发走了。昨天我寄了两包，上周楼（Lowe）也寄了一些。很抱歉拖了这么久。我们刚开始考虑回美国时，我把寄书的事完全交给了楼，后来看起来我们的启程会被拖延，我就想我们可以随身携带这些书。现在我们对成行已不抱希望，所以决定试试邮寄，希望无论如何您能收到。我附了一份这批书的完整书价清单。可是我不能告诉您《新华电讯稿》和其他东西花了多少，因为这些记录和所有物件都已在7星期前打包放在 Bryner 运货公司了。有几件东西您没有订，但我觉得值得，就自己做主买了。如果您不要这几件，我很高兴留下自用。顺带说一下，我希望您已经开始收到《人民日报》。约3星期前我换了地址。当然，邮政检查可能不准报纸出国，我不知道这种中国账户冻结对我们将来买东西，和取得生活用品有何影响。近几天中国银行已拒收美国支票，但我知道可以通过瑞士银行办理。我需要了解具体做法。这批书数量很小，中国海关没有收取外币。海关人员说我们只需写明这批书是给图书馆的赠品即可。这样写能省很多事，尤其在现在，我希望图书馆不在意我这样写。

黛尔和我继续呆在燕京。我们在南希·科克兰家住了几天，但现已搬回宿舍。如果生活拮据起来宿舍要便宜得多。到现在为止当地每个人对我们都仍然友好，当然这种态度将有变化。我肯定中国人现在对我们的态度比多数美国人在相似形势下对中国人的态度要好得多。如果他们要抓我们，我倒真希望他们快点动手，这样我就能静下心来做我的事，而不必成天想着渺茫的自由。虽然心神不定，我们还是完成了一些学业。黛尔翻译完了王国维的《人间词话》，几乎翻完了陶渊明的诗。我考证《管子》作者接近完成。我一直认为目前《管子》书中各章基本上都是短文片断或者整篇短文，写于战国晚期和秦代（有些是汉代）。可是最近我越来越觉得许多短文作者一定是齐国人。我有以下几个原因指向这个结论，每个原因单独看都不能得出这个结论，但几个原因加在一起就有了说服力。短文大量提到齐国货币和度量衡，频繁涉及齐国和有关齐国经济的事，例如盛产盐、丝而缺谷类。而且有几处表达方式是正宗山东土话，今天的山东人仍这样讲。如果许维遹能深入考证一下这些土话，可能发掘出更多东西。可惜他自去年春天就重病缠身，几不欲生，更谈不上考证《管子》了。外国人当然做不了这种考证。过去几星期中我还读了早期法家资料，包括稷下的几个讨论，其中有金受申和钱穆就此课题的文章。这两位都没把《管子》和稷下学派联系起来，而我觉得这个联系很有道理。我请教了冯博士、齐思和、孙毓棠，他们都认为我的想法很好。孙说《管子》一书旨在解决的就是公元前3世纪齐国君主们面临的问题。而且《管子》内容包罗万象，一个包括宋钘和尹文的学派应该就是这种风格。这个想法至今只是个想法，可能永远只是个想法，但是我觉得值得讨论讨论。我记得你曾寄给我 Maverick 的一个短篇讲话，其中有与我相似的意见。这使我不安。我忘记他说了什么，是仅仅引用古文还是真有自己的东西。不管怎样，在当今兵荒马乱之中，我想此事也无关紧要了。我已经干了两年翻译的苦力活儿，希望能有时间读读我藏书中有趣的几本。顺便告诉您，去年八月我把我的大部分译稿和我们的书籍寄回家去了。有些章的译稿和钱的全部注解都没寄。如果你愿意看看这些东西，你就能知道我们已经做了和还没做什么。我将通知 Austin 夫妇此事。

宾大对博士生有年龄限制吗？我花了九年拿到硕士，我想按正常进度我得再花九年拿博士。 我反正要花那么长时间搞完《辽史》和孙念礼的新书。Vetch 有《辽史》和孙念礼的书，很精美。我曾希望你的书能寄到，但恐怕现在已经没有了吧。前几天见到罗常培，他说他收到了您寄给他的托尔斯泰著作，他还给了我一本他的新作，要我带给你，我希望我能不负所托。

我没什么本地小道消息可资报道，但最近有两起罗曼事件，速成结婚，无疑是由于局势的动荡。一对英国夫妇是你不认识的，另一对你可能不信，是 Ronnie Parker 和一个荷兰姑娘，荷兰使馆秘书之一。还有 Robert Ruhlmann 听说对 Lois 陈有意，陈是英国议事会的，你记得她吗？这事让你感觉又年轻了吧？我有没有告诉你北京俱乐部已被接管？老会员还能进去，但恐怕很快就不行了。Mary Ferguson 的房子被捷克人占用，哈佛燕京学社的房子被政府单位占用。美国领事馆房产除了现在由英国人使用的三官庙之外都上了锁。所有能让您忆及的北京生活，除了北京人自己之外都不在了。当然北京人和以往一样，我有时甚至还听到"美国人挺好"。我曾经讨厌这种话，可是现在尽管它非常不合时宜，我倒很喜欢听了。

请代问候卜德太太，西奥和所有我们在宾大的朋友。

此致

敬礼

瑞克

又及 Andy Posey 刚收到他的出境许可，可能我们还有点儿希望。

R.

Received Jan. 3, 1951

#4 Dorm
Yenching University
December 22, 1950

Dear Dr. Bodde,

At last the books you ordered are under way. I mailed two packages yesterday and Lowe mailed some last week. I'm sorry it has taken so long, but when we first thought of leaving, I turned the whole thing over to Lowe; then when it looked as if we might just be delayed I decided we could probably take the books out with us. But now that we have given up hope of getting out, I have decided to try the mails. In any case I hope you get them. I'm enclosing a complete list with prices of this shipment, but I can't tell you how much I spent for the News Release and other things because those records, like everything else, are packed and have been sitting at Bryner's for the past seven weeks. I also took the liberty of enclosing a few items which you did not order, but which I thought worth getting. If you don't want them I will be glad to keep them for myself. Incidentally, I hope you are beginning to get copies of the Jen-min jih-pao. I had the address changed about three weeks ago. Of course the censors may not let them go through at all. I don't know what effect this freezing of Chinese accounts will have on any future buying we may try to do or, for that matter, on our own means of livelihood. The Bank of China has been refusing to accept American checks for several days now but I understand transfers can still be arranged through Swiss banks. I will have to find out more about that, however. This shipment was so small that no submission of foreign exchange was demanded. The customs people said we should merely write on the books that they were a gift to the Library and that would do. I hope the Library won't mind, but it does save a lot of trouble, especially just now.

Dell and I are still carrying on at Yenching. We stayed with Nancy Cochran for a few days, but now we are back in the dorms. It will be a lot cheaper there if things get tight, and so far everyone continues to be most pleasant. That is not going to last of course, but it is certainly true that the Chinese have been a lot nicer to us than most Americans would have been to them in similar circumstances. But if they are going to intern us, I wish to heck they would get it over with so I could get back to work in peace instead of spending most of my time clutching at some faint hope of liberation. However we have been able to get some work done. Dell has finished her translation of Wang Kuo-wei's Jen-chien tz'u-hua 人間詞 and has almost finished T'ao Yüan-ming's poems, while I have about reached a decision on the authorship of the Kuan-tzu. I have felt all along that the various chapters in the present Kuan-tzu were largely fragments or complete essays, dating from the very late Chan-kuo and Ch'in periods (maybe some Han), but recently it has become increasingly clear to me that the authors of many of the essays must have been people from Ch'i. There are numerous reasons for this - no one of them proof in itself but all together adding up to quite a bit. There is the predominant use of Ch'i money and measurements and the preoccupa-

200 pages at least, for the text and I expect there will be at least another 200 to 250 pages of notes, commentary and introduction, besides any summary of untranslated chapters. The point is that with the exception of seven hours a week conversation, this damn thing is taking all my time. And I want to spend at least one year trying to learn some Chinese before going back to Penn. I also still have hopes of finding time to make a third draft with some notes for Dr. Fung or someone of his ilk to read over and then too there are my dreams of some work with Lo Chang-p'ei on the rhymes. Moreover there still remains the problem of trying to do some work on the dating and social background of the text before leaving China. So I don't know. I wish we had about ten years out here, then I might at least learn something. But now the situation seems hopeless. I have to laugh when I think of how much Chinese we thought we knew at Penn. We could read the Shih-chi - Hot stuff!!

At any rate we are definitely set on another year here if we can possibly do it, and in that connection I'm writing both Mortimer Graves and Serge Elisseeff about possible grants. I have taken the liberty of giving you as my chief reference. I hope you don't mind. Having students is certainly a lot of ma-fan. I'll bet the next time someone writes to ask about studying at Penn, you tell them to go to Yale. I doubt if these requests will do any good, but if they don't, is there anything farther down the scale than kao-liang?

Well, in spite of our perpetual state of gloom about learing any Chinese, we are beginning to enjoy China more and more as we get to know a few more Chinese around Tsinghua. Ch'ien Chung-shu, of Philobiblon notoriety, is teaching in the Foreign Languages Dept. here and we have become quite good friends. A more conceited man I have never met, but I have also met few more brilliant. We have also gotten to know Pan Kuang-tan, who has been quite encouraging about my idea of attempting to work out social mobility statistics from the gazetteers. He also said that the Tsinghua Journal should be coming out soon, but the Social Science Quarterly looks rather hopeless. He says so far, he has only received one article and no one is doing any particular work in that field right now. Oh - I also received some very good news from Wang Chung-han who is doing the indexing at Yenching. He says the Hsün-tzu should be out in January to be followed by the Han-fei-tzu and then, believe it or not, the Kuan-tzu which is scheduled for publication in the summer of 1951. I will certainly be glad to see that. As a matter of fact Sinology in general is looking up in Peking. The government is planning to put out a series of new editions of the Classics with simplified notes for general readers, which should be pretty useful for they will presumably include much here-to-fore widely scattered or unpublished information. Both P'u Chiang-ch'ing and Ch'ien Chung-shu are on the planning committee so it ought to be a good job. Incidentally I was wondering if you would be interested in a general report on sinological work being done in Peking. By spring, some of the new projects really ought to be under way.

Well I must close. Please give our regards to Mrs. Bodde and Theo and we hope you will write if you can possibly find any time in what we know must be a terrifically busy schedule.

          Merry Christmas

P.S. Please give our regards to Drs. Brown, Spencer, Bender and Jean Lee. Also we understand airmail is still not coming thru but we are receiving letters by ordinary mail. Rick

卢弼书札七通：致钱基博、钱锺书

二十世纪九十年代初期，李洪岩研究钱锺书最为用力，也最有成绩。承洪岩兄不弃，每有新作，我均获赠，感念无已。卢弼与钱锺书最早交往的事即是洪岩兄披露出来的。

网络时代，我们了解一个学者的经历相对容易，但在前网络时代，只有阅历和读书两途。卢弼多年困居天津，他曾说这是他一生最大失策。洪岩兄本籍天津，得天时地利，有此因缘。

洪岩兄叙述卢弼与钱锺书交往，主要依据是卢弼二十世纪五六十年代私印的几册诗文集，如《慎园诗集》《慎园文选》《慎园丛集》等，洪岩兄同时提到，卢弼还有一册和当时文人故交的书信集《慎园启事》，可惜此书他当时未及获读。

近年网络旧书交易异常繁荣，早年极难一见的书，时时会在网上出现，虽然价格奇昂，但有书现世，对学术而言，确也是一种福音。《慎园启事》如今并不难见，但我检索网络，还没有发现使用卢弼致钱基博父子通信的研究文章，傅宏星《钱基博年谱》也未见引述。因为《慎园启事》是油印书册，流传不广，有必要抄出，以嘉惠学林。

《慎园启事》是1961年戴克宽在上海印出的，负责刻版的是石贡航。当时戴氏负责刻出的油印书，我多数见过，刻手除石贡航外，还有一位张仁友。戴氏的油印书，最能代表特殊时代文人学者的趣味和风雅，刻版水平很高，尤以戴氏自己的《果园诗抄》最为精美，《慎园启事》也相当诱人。

卢弼覆钱基博信共四通，时间为1951年至1954年。覆钱锺书信三通，时在1955年和1959年。

《慎园启事》体例，以卢弼居北京时期通信为上卷（1914~1932

年）；居天津时期为下卷（1933~1959年）。为节省篇幅，卢弼只抄原信内容，标明通信时间，将书牍前后敬语删除。

《慎园启事》刻印书信，用旧式断句法，单圈点断，偶用双圈强调重点。未分段，偶用小字夹注，字用娟秀楷书，识读无碍。为尽可能反映原貌，依原例抄出。信中涉近代诗坛人物故实较多，但都可网络检索；偶有笔误，也一望而知，所以未加注释。卢弼述近代诗坛故实，多可作诗话素材，十分有趣。卢弼书信中多有对钱锺书夫妇及《谈艺录》《宋诗选注》的评价，材料宝贵，与李洪岩早期文章对读，恰好可以还原卢、钱交往原貌。

网络时代，卢弼生平，不再细述。序号为笔者所加。原文无标点，由笔者抄出，标点为抄者所加。

1. 覆钱子泉 一九五一、八、廿四 辛卯处暑

去岁获读大著《中国近代文学史》。评论人物。如老吏断狱。公直无私。喜其载人轶事。可资谈助。旋阅旋咏。聊以自娱。南北阻隔。无缘就正。适孝萱来书。谓先生诲人不倦。今世纯儒。遂检旧作。冒昧渎呈。先生虚怀雅度。华翰先施。猥承奖饰。益增惭惶。别录拙句

数纸呈教。偶而游戏之作。不足以登大雅之堂。藉此得联翰墨之缘。实为私衷之幸。湘绮老人。风流自赏。每遇翰林。辄呼前辈。红丝小辫。讥讽诙谐。曾接风采。遂形歌咏。后以词近轻薄。概行删汰。类此甚多。姑举一例。又如苏玄瑛舆论不惬。王式通末路失检。凡此诸人已咏不录。存者已无几矣。樊山海藏。同工异曲。一时瑜亮。都为妙才。愚与海藏。尤深惋惜。别赋三章。略抒馀慨。胡步曾谓吕碧城为女中樊山。大著未辑。感旧之音。写呈清览。后生末学与大著喜加评议。不知如此钜制闳篇。岂能毫无遗漏。过事吹求。适形狭隘。增订之本。当臻完善。尚未获读。敝处印本各种。拟迳邮呈。贤郎佳耦。桃李如林。一门风雅。艺苑美谈。先生之乐可知矣。

2. 覆钱子泉 一九五一、九、十五 辛卯中秋

惠书诵悉。湖北丛书为四川赵翼之尚辅学使所刊。书面只有三馀草堂字样。宜为人所不知。北平图书馆馆刊。举各省丛书。此书亦未列赵名。子妇为徐久成之女。翼之先生孙女。久成之妇也。拙作久成诗集序。道及此事。云久成两家姻娅。皆为学使。皆刻楚先贤书。久成题慎始基斋校书图亦言之。辅大校长陈援庵赠诗。有楚才独阙笑南皮之句。自注谓书目答问姓名略无鄂人。弟举若干人告之。楚人言楚。

略能了然。若询我锡山故实。茫然无以置答。论事贵求其通。不能故意吹求也。石庄绎志为李申耆原刻。传闻李于名场引绎志语获捷。杀青以报之。周沈观刻石庄集。樊山序极佳。今交邮寄碑铭拙诗呈教。藏书卖尽。独处小楼一间。有食息诵读恒于斯之句。怡然自乐。吟咏娱老。闭户即是深山。亦如先生之昙花林中也。

3. 覆钱子泉 一九五一、十、三 辛卯重阳前六日

惠书暨尊府家谱、念劬丛刻、均收到。另呈拙刻。藉报琼瑶。先生以道自任。我为乡邦学子敬谢良师。感想所及。条列如左。

一、大函称谓非所敢承。先生著述之多。闻见之广。我皆望尘弗逮。谦抑固是美德。逾量则受者踧踖难安。后如再施，不敢奉教。

二、尊府家谱字小。只好徐徐细读。累叶书香。令人敬佩。溥心畬书画有旧王孙印记。先生亦可用之。近则嫌于封建。可为一笑。附呈海岳行吟草。有咏武肃表忠碑诗。湖北诗徵传略引全首见卷末沔人与尊府早有文字之缘。不自今日始也。

三、从戎纪略。偶阅一则。曾九忌合肥分功。当时情景。可推测一二。左文襄与郭筠仙亦不谐。湘绮耳闻目击。讥嘲玩讽。曾九极力敷衍。此亦当时之一公案。

四、复堂日记续录。贤郎序文。妙制美才。爱不忍释。不止为松岑敌国。几道行严雨僧步曾数子而外。一人而已。拙著三国志集解序例云。松之父子。注解马陈。两代闳儒。千秋盛业。今则见于君家。迁固亦承家学。老苏之乐乐何如。弟最爱才。垂老尤甚。秋水兼葭。伊人想慕。几道译述居先。行严文字。略见甲寅杂志。雨僧诗集已刊。后附徐久成诗步曾诗见学衡杂志。吴其昌有九都纪功碑跋。拙著曾采录。海内中西兼通之人才。屈指可计。贤郎独步一时矣。序中引诸家日记。评论极当。拙作左笏老日记诗。呈教。可资参考。越缦未印日记。闻有不慊于南皮云门之语。询诸樊山。笑而不答。谭师主讲经心。弟初入院。谭师旋去。继者为麻城吴星阶师。兆泰疏谏颐和园工程革职亦工骈文肄业未几。考入两湖书院。谭师有师生之谊。乐诵其书。惜字小目花。不能细阅耳。

五、先生对亡友之高风。胜于季札挂剑。陶夫人亦庶几李易安。徐君可以无憾。黄郛曾同宴饮。苏张之流。宜徐君与之不谐。良禽择木。似或失之。今日求如胡林翼之于罗泽南。不可得矣。

六、尊谱中有张仲仁撰文表墓之语。经济特科前六名。苏人居其三。胡绥之张仲仁徐芷升。三人皆我挚友。胡张已矣。徐则老而贫困。文人末路如此。

七、沔阳丛书。收集选校弟任之。刊资先兄木斋筹之。冬夜勘校。右臂受寒。近躬亲洒埽。臂痛霍然。童承叙沔阳志为名志。章实斋天门志全袭之。天门为明竟陵县。竟陵明时为沔阳属县。实斋一字不易拙撰童志跋语。于作者心迹。稍稍道出。弟七十二岁时。尚能细书。手抄浣花玉豀诗数百首。章一山戏赠句云。七二翁姑双白发。房中合选义山诗。七十三岁伯兄室人。先后逝世。数月之间。两遭惨痛。老泪盈把。次年钞书遣闷。写成三国志集解补二卷。整理积年诗稿七卷。老钝不自爱惜。用力过度。遂至昏瞆。成今日冥索之状矣。每一握管。不能自休。几如老妪絮语。琐渎清览。谅恕不庄。

4. 覆钱子泉 一九五四、四、二十 甲午三月十八日

展奉惠书。暨赐撰先兄木斋遗稿序文。载颂鸾凤之章。深慰脊令之痛。浣花集中有严节度。昌黎文中有柳柳州。欣幸何如。谨援大笔

撰吴清卿传例。检拙藏谭复堂师点校绝妙好词笺奉呈。藉先贤之翰墨。答君子之名篇。匪报琼瑶。愿联侨札。留置高斋。聊供清赏。

5. 覆钱默存 一九五五、六、四 乙未四月十四日

挚友某翁语鄙人曰。谈艺录讥评古今诗人。身无完肤。子乃投诗钱君。可谓老不自量。鄙人笑应曰。往有人论管仲有贬辞。夜梦管子揖而进曰。先生笔下留情。钱君讥评皆古今诗人。下走不过桃花扇中之说鼓儿词者。不足齿于讥评之列。有恃而不恐。更不必效夷吾之乞怜。翁语塞而退。正欲以答宾戏之言告左右。适奉大示。满纸揄扬。先生不作刘季绪。大失所望。果如所料。不足齿于讥评之列。真为某翁所窃笑矣。

1. 又 再答宾戏

挚友某翁又语不佞曰。戒子无投诗钱君。不纳忠告。抛砖不能引玉。虽多亦奚以为。不解一也。老不知休（羞）又和寻诗。设因倾茶角胜。惟口适以与戎。不解二也。人之好尚。各有不同。苏台本多佳

丽。吴王偏宠西施。秦淮主盟风月。牧之专恋扬州。而子乃欲高下抑扬。万殊一致。不解三也。余笑应之曰。李杜知交。艳称千古。浣花集中。怀李极多。青莲只有饭颗之嘲。今日李杜并称。释惑者一。杨夫人名门闺秀。知书识礼。不能以市井村妪之见。测南国淑女之心。释惑者二。人心不同。各如其面。梁冀艳妻。妖容艳态。秦虢二国。淡埽蛾眉。我固不能强人学我之老丑。人亦不能强我作无盐。各适其所适而已。释惑者三。钱君新续世说语林。劳翁答问。即可据以塞白。如获稿酬。同某一醉。翁喜笑而退。

2. 又 一九五五、七、十五 乙未五月十六日

尊公近代文学史。卷末论梁胡。为良史定评。大札论陈郑樊陈。亦极公允。某君成见太深。进言不易。山谷临川。咸有特性。流风所播。习为固然。某君推郑子伊为清诗巨擘。巢经本经生。阅其诗者。尚需置经籍纂诂于左右参证。陶冶性情。翻成苦境。边区枯槁之章。执中原骚坛之牛耳。可谓突起异军。南皮不喜宋诗。见苏戡序散原集。亡国哀音。先机已兆。某君于散原苏戡外。亦称苍虬。老友徐芷升谓。仁先同年。人可爱。诗可憎。弟与仁先经心书院同学。院生皆年长者。弟与仁先齿最少。学使甄别新旧生。仁先世家子弟。丰度翩翩。群相

围绕。争看子都。不意后来诗境。与昔日绮年玉貌。背道而驰也。弟挽仁先十联。别纸呈教。或谓拙吟敏捷似樊。答言樊诗四万首。免遭胡骂。说与诗人一笑。前赋登浚宣露台一章。老友徐石雪深以为戒。承嘱无履危梯。良朋厚意可感。愧无仲宣登楼之赋。幸免金谷坠地之虞。请释锦怀。藉资谈助。

3. 覆钱默存 一九五九、十、廿一 又十一、十四 己亥十月十四日

惠札暨宋诗选注奉到。敬谢。前闻是书印行。不欲损左右笔耕之资。讬人代购。下走十年不履市场纸贵洛阳。求之不得。忽承佳贶。忻忭何如。推陈出新。闻之快意。言语妙天下。雅俗共赏。鄙意开卷。宜写凡例数条。一览而知内容。再阅三十叶之序文。一切了解。执事以为何如。承惠贤阃杨夫人译本小说。谢谢。鄙人阅说部极少。小册及横行书。均未寓目。因杨夫人盛意。破例一开眼界。获睹佳人妙笔。纵有心馀一场小病。庸何伤。里井琐闻。曲曲如绘。出之名手。便自不凡。雅贶无为报。学柳敬亭讲一段趣事。藉博一粲。鄙人曾办外交。不肯媚外。然工功于媚内。民国初年。在北京史家胡同买一旧宅。枣花寺之牡丹。法源寺之丁香。畿辅祠之海棠。兼而有之。屋宇无多。

隙地颇。谋补植花木。彼时置宅尚举债。卢室人有难词。婉言协商。今幸获鸠居。觅一解语之花。与不解语之花。二者孰宜。室人不待词毕。即可其后者。遂据广群芳谱为南针。遍觅佳卉。艺菊千本。越岁满园春色矣。每年春节。夫妇联袂偕游海王村。余为室人讲说旧本书籍。为古董之一。与女子仪饰。同一珍宝。室人渐染同好。检卷查叶。室人任之。遂能鉴别版刻。喜阅精椠。几青盛于蓝。拙斋所藏善本及大本古今图书集成。室人助成之力居多。为友估所周知。胡绥之先生有长歌咏其事。设有续菊鞠裳藏书纪事诗。可增入佳话。鄙人之媚内大功告成矣。时运迍邅。日寇肆虐。迫不得已。卖书易宅。答友人书。有藉伯喈万卷易兰成小园之语。又有辟地实无谋择邻深失计之句。斯举实为最失策最痛心之事。鄙人国志成书。即拟为水经注作疏。所收大典本、黄省曾本、朱谋㙔本及各种校本、全卖归北大。鄙人喜读迁书。有与周少璞论读史记书。又有马书喜诵真肝胆。骥力空留瘦骨皮之句。尝为水经河水篇、与史记殷本记、须明甲骨文字难治。此外左右逢源。迎刃而解。吾生已老。此愿未尝。岁月蹉跎。掷笔三叹。流寓津沽。朋好吟咏。著书未成。换了十几卷莲花落。（慎园诗集）岂不可笑。幸获大笔赐撰序文。装点门面。因贤伉俪关怀。琐渎清听。幸恕狂愚。

后记

本书名为《钱锺书交游考》,严格说,不很贴切,因为所收文字不完全和交游相关,可一时又想不出更好的书名,姑妄名之,姑妄听之吧。书名和人名一样,不过符号而已,太较真似无必要。起个有点学术意味的书名,只是为以后考虑,时尚的书名,只顾眼前,不计后果。书名虽旧,但内容或略有一二史料可取。

钱锺书研究发展到今天,对研究者知识结构的要求越来越高,至少英文好是起码条件。我早年虽读过几年英文,但没有学好,自认不是合格的钱锺书研究者,只能算是个喜欢读钱书的爱好者。我只做我能做的。我更关心钱锺书的传记研究、生平史料以及他的学术趣味，我有意避开自己陌生的领域，我以为这些领域有更合适的人去关心。

钱锺书的中文笔记和外文笔记出版后，我也略为翻阅，但知难而退了。《容安馆札记》，我虽能慢慢阅读，但也很费力，后来发现一位"视昔犹今"先生，已将中文笔记全部释读并公开在网上流传，我大喜过望。我对比原文，认为水平很高，绝非当今高校文科教授所能为和所愿为，期待这些完整的释读文字能早日公开出版。钱著已是中华民族宝贵的文化遗产，似不必太计较版权问题，钱家大公无私，钱著的永久生命是对钱锺书最好的纪念。

2008年秋天，我乞食厦门不久，组织过一次纪念钱锺书逝世十周年的学术活动，得到刘梦溪先生的热情支持，心中感念不已。转眼十年过去，物是人非，我也行将退休。瑞锋兄远道而来，约我编一小书，我略一思忖，就用这本小书迎接退休时间早点到来吧！

作 者

2018年4月25日于厦门